Friedhöfe in Stuttgart

1. Band
Hermann Ziegler

Ehemaliger Kirchhof Berg
Ehemaliger Bergfriedhof am Raitelsberg
Bergfriedhof

Klett-Cotta

Herausgeber: Landeshauptstadt Stuttgart
Stadtarchiv in Verbindung mit dem
Presse- und Informationsamt
Text: Hermann Ziegler
und zwei Beiträge von
Richard Lachenmaier
Gestaltung: Uli Kreh

CIP-Kurztitelaufnahme der Deutschen Bibliothek

Friedhöfe in Stuttgart /

[Hrsg.: Landeshauptstadt Stuttgart, Stadtarchiv
in Verbindung mit dem Presse- und Informationsamt]. –
Stuttgart: Klett-Cotta
Band 1. Ehemaliger Kirchhof Berg,
ehemaliger Bergfriedhof am Raitelsberg,
Bergfriedhof /
Hermann Ziegler. [2 Beitr. von Richard Lachenmaier]. – 1987
(Veröffentlichungen des Archivs der Stadt Stuttgart; Band 37)
ISBN 3-608-91034-4
NE: Ziegler, Hermann (Mitverf.);
Stadtarchiv Stuttgart: Veröffentlichungen des Archivs.

Kommissionsverlag:
Verlagsgemeinschaft Ernst Klett · J. Cotta'sche Buchhandlung Nachfolger GmbH, Stuttgart
Gesamtherstellung der Offizin Chr. Scheufele, Stuttgart

Inhalt

Vorwort   5

Ehemaliger Kirchhof Berg   6

Ehemaliger Bergfriedhof am Raitelsberg 28

Bergfriedhof 54

Zeichenerklärung 85

Allgemeine Abkürzungen 85

Fachausdrücke für Grabbauten und Grabmale 86

Sigelverzeichnis für Bücher,
Zeitschriften und Zeitungen 87

Bildnachweis 87

Personenregister 88

Vorwort

Das Stadtarchiv unter der engagierten Leitung seines Direktors Herrn Dr. Sauer eröffnet eine neue Veröffentlichungsreihe: »Friedhöfe in Stuttgart«. Friedhöfe sind nicht nur Stätten der Pietät und würdiger Stille. Friedhöfe sind auch und nicht weniger Stätten der Erinnerung an Persönlichkeiten und Familien, denen wir über den Kreis ihrer Angehörigen und Freunde hinaus bedeutende und fortwirkende Leistungen in Kunst und Wissenschaft, in Wirtschaft und Handwerk und Handel, in Kultur und Politik, im Leben und in der Geschichte unserer Stadt und ihrer gesellschaftlichen Struktur zu verdanken haben. Friedhöfe und Grabstätten sind auch Ort der Begegnung mit Geschichte und Tradition, sie sind zeitgeschichtliche Dokumentation über Generationen hinweg. Friedhöfe sprechen aus Bewußtmachung der Vergangenheit ihre eigene Sprache hinein in Gegenwart und Zukunft.

In mehrjähriger intensiver Arbeit hat Herr Stadtoberamtmann a. D. Hermann Ziegler im Auftrag der Stadt die Geschichte des ehemaligen Kirchhofs Berg, des ehemaligen Bergfriedhofs am Raitelsberg, heute innerhalb der Parkanlagen um die Villa Berg, und des heutigen Bergfriedhofs am Schwarenberg erforscht sowie die Lebensdaten der auf diesen drei Friedhöfen beigesetzten Stuttgarter Bürgerinnen und Bürger ermittelt. Dank des Engagements von Herrn Ziegler, einem profunden Kenner der Geschichte unserer Stadt und ihrer Bürger, ist ein eindrucksvolles, ungemein informatives Werk entstanden. Es gibt Aufschluß über zahlreiche Familien, die vor und seit vielen Generationen in Berg bodenständig waren und es noch immer sind. Die Dokumentation erinnert aber auch an Familien, die sich seit dem Beginn der Industrialisierung Mitte des letzten Jahrhunderts dort niedergelassen haben, ebenso an zahlreiche Persönlichkeiten, die die Entwicklung Stuttgarts von der Residenzstadt zur Großstadt und zur Landeshauptstadt kulturell, politisch, sozial und wirtschaftlich wesentlich mitgetragen, ja mitgestaltet haben.

Für den einstigen Kammerschreibereiort und späteren Stuttgarter Stadtteil Berg ist die hier vorgelegte, sorgsam aus den Quellen erarbeitete Veröffentlichung ein wichtiger Beitrag zur Geschichte seiner Bürgerschaft. Viele, nicht selten sehr schwere, nachdenklich stimmende Lebensschicksale werden hier ins Bewußtsein gebracht, fügen sich zum anschaulichen Bild eines ursprünglich dörflichen Gemeinwesens, das sich aber auch als Stuttgarter Stadtteil seine ansprechende Besonderheiten und seinen liebenswerten Charakter bewahrt hat.

Ich danke Herrn Ziegler herzlich für seine ausgezeichnete und trotz mancherlei Schwierigkeiten unverdrossene und sehr sorgfältige Arbeit. Ich freue mich, daß er für das kommende Jahr einen Band für den Fangelsbachfriedhof in Aussicht gestellt hat, weitere Dokumentationen über den Hoppenlaufriedhof und über den Pragfriedhof sind in Vorbereitung und dürfen in den nächsten Jahren in dieser Schriftenreihe erwartet werden. Herr Ziegler leistet damit sehr wertvolle und interessante stadtgeschichtliche Beiträge. Mein Dank gilt in besonderer Weise Herrn Stadtarchivdirektor Dr. Paul Sauer, daß er diese von uns schon mit seinem Vorgänger, Herrn Stadtarchivdirektor Dr. Kurt Leipner konzipierte Schriftenreihe nunmehr zur Realisierungsreife entwickelt hat. Zu danken habe ich sodann den Damen und Herren, die an der Gestaltung und Ausstattung des Buches maßgeblich Anteil hatten: Herrn Uli Kreh vom Stadtplanungsamt für das Layout und die graphische Gestaltung, Frau Ute Schmidt-Contag, gleichfalls vom Stadtplanungsamt, Herrn Jochen Schlenker vom Stadtmessungsamt für die photographischen Aufnahmen, Herrn Richard Lachenmaier, Garten- und Landschaftsarchitekt BDA, für seine beiden Beiträge über die gärtnerische Anlage der Friedhöfe sowie Herrn Manfred Mössner vom Stadtmessungsamt für die Anfertigung der Pläne.

Ich wünsche, daß die Schriftenreihe das personen- und familiengeschichtliche Interesse der Bürgerschaft findet und das sie dazu anregt, die Beschäftigung mit der Geschichte unserer Stadt zu vertiefen.

Dr. Rolf Thieringer, Erster Bürgermeister

Ehemaliger Kirchhof Berg

7000 Stuttgart 1 (Ost), Klotzstraße 21

Geschichte des Kirchhofs

Frühere Namen

15.Jh. Kirche und Kirchhof der Jungfrau Maria und den Heiligen Pankratius und Cyriakus geweiht (bestand schon vor 1475);
1662 Kirchhof zu Berg
Pfaff, Karl: Geschichte der Stadt Stuttgart, Band 1, Stgt.: 1845, S. 374–375;
1843 Kirchhof Berg

Verwaltung

Anfänglich wohl vom Kirchenkasten, ab 1536 vom Armenkasten
(Amtsgrundbuch der Kirchen- und Schulpflege [vormaligen Armenkastenpflege] der Haupt- und Residenzstadt Stuttgart. Stgt.: 1886, S. 8 und 15)
1587–1836 Heiligenpflege Gaisburg,
ab 1836 wohl wieder Armenkastenpflege der Stadt Stuttgart

Vorgänger

Kirchhof der St. Martinskirche in Brie-Altenburg

Nachfolger

(Ehemaliger) **Bergfriedhof im Raitelsberg**, eröffnet 7.12. 1825

Anlage des Friedhofs

Nicht bekannt

Erweiterungen und Veränderungen

Erweiterungen wurden nicht erwähnt. Zwischen 1715 (Brand) und 1784 wurden meist mit herzoglicher Bewilligung in der Kirche »vor dem Altar«, »beim Taufstein« mindestens 7, wenn nicht 8 Adlige beigesetzt. Das war offenbar ein »Geheimtip«, der vielleicht auf die Lage der Kirche und das einstige Marienpatrozinium, teilweise auch auf die Verwaltung der Rentkammer zurückzuführen ist. Der Kirchhof wurde wahrscheinlich um 1852 eingeebnet und seine Abschlußmauern gegen die Böschungen zum (einstigen) Nesenbach und zum (einstigen) Mühlkanal dabei verändert. Einige Grabmale wurden in den Bergfriedhof im Raitelsberg versetzt.

Gärtnerische Anlage

Darüber gibt es keine Angaben.

Hochbauten

Klotzstraße 21

Evangelische Kirche Berg, ehemals Kapelle, 1336 erwähnt; 1375: Heilige Maria, Pankratius und Cyriakus; 1525: U. L. Frau, Kirche.
Erbaut 1853–1855 in 235,70 m Höhe auf einer vorspringenden Bergzunge, die nach N, O und teilweise S Steilhänge zum ehemaligen Nesenbach und zum Mühlkanal von 19 m Höhe hatte.
Auf diesem Hügel stand einst die *Burg Berg* der adligen Herren von Berg, eine Ausschnittburg, die etwa Ende 11./ Anfang 12. Jahrhundert erbaut und wohl 1291 von Graf Al-

brecht von Hohenberg zerstört wurde. Möglicherweise aus der Burgkapelle entwickelte sich zwischen 1291 und 1311/12 die Marien-Kapelle und Pfarrei Berg als Filial der Urkirche St. Martin in Altenburg. Im Reichskrieg 1311/12 wurde die »Kirche zu Berg« geschädigt. Mit der Urkirche kam die Berger Kirche 1321 als Filial an das Stift in Stuttgart. Im Mittelalter wurde die Kirche mehrfach umgebaut, so 1375 und in spätgotischem Stil 1474. Damals hatte sie einen mehreckigen Chor und einen Turm an der Südwestecke.

Evangelische Kirche Berg mit Pfarrhaus und Mühlkanal um 1800

Von 1587 bis 1845 war Berg Filial der Gaisburger Kirche. 1845 erhielt Berg wieder einen Pfarrverweser, und 1862 wurde es wieder eine selbständige Pfarrei.

Im 19. Jahrhundert wurde die Kirche für die zunehmende Bevölkerung zu klein, und dazuhin wurde sie baufällig. Sie wurde deshalb 1852 abgebrochen und 1853–1855 durch einen Neubau in neugotischem Stil mit 750 Sitzplätzen nach Plänen von Oberbaurat Dr. Ludwig v. Gaab (1800–1869) ersetzt. Die Baukosten mit Glocken, Uhr und Orgel betrugen 65 000 fl, davon kamen 40 000 fl aus der Staatskasse, den Rest zahlte König Wilhelm I.

Am 24.7. 1855 war der Bau fertiggestellt worden. Die feierliche Einweihung im Beisein von König Wilhelm I. und dem Kronprinzenpaar Karl und Olga fand am 30.9.1855 statt.

Beim Fliegerangriff am 15. April 1943 wurde die Kirche schwer beschädigt. Sie wurde 1954/1955 in veränderter Form wiederaufgebaut und am Tag des Berger Heimatfestes am 26. Juni 1955 feierlich bezogen.

Tore und Ringmauer

Die Ringmauer des Friedhofs dürfte zum größten Teil noch die der ehemaligen Burg gewesen sein. Im O und N waren ihr an den Steilhängen starke Stützpfeiler vorgesetzt.

Evangelische Kirche Berg um 1860

Der Hauptzugang zugleich für die Kirche war im Südwesten gegen die heutige Klotzstraße. Im N führte ein kleines Tor aus einem der Mauer vorgesetzten Gebäude, das einst vielleicht ein Steinhaus oder Turm war, auf einen Weg zum Ort hinunter, westlich davon war ein zweites kleineres Tor.

Evangelische Kirche Berg 1986 (Ansicht von Westen)

Diese Friedhofmauern wurden beim Bau der Kirche auch in ihrem Verlauf stark verändert. Die westliche Mauer ist heute oberflächlich nicht mehr zu sehen.

Benachbarte Bauten und Anlagen

Nördlich und nordwestlich:

Nesenbach (auch Mühlbach), floß bis um 1890 am Hangfuß des Kirchhofs entlang und mündete dann in den Mühlkanal.

Karl-Schurz-Straße (unterer Teil noch 1890 Untere Straße, oberer Teil Neue Straße, um 1900 bis 1937 beide Teile Neue Straße) 3, Klotzstraße (bis 1937 Kirchstraße) 1 A, 1 B, 1 C; Nißlestraße (bis 1937 Mühlenstraße) 4, 12 und 3; Neckarstraße 292 (früher Poststraße 10; 1914 im Besitz von Robert Taxis, Gasthaus »Berger Hof«, so bis zum Abbruch des Hauses um 1972): **Bachmühle** am Nesenbach mit 3 Mahlgängen und einem Gerbgang, 1509 erbaut, gehörte dem Armenkasten in Stuttgart, 1574–1590 der Stadt Stuttgart, 1682–1695 der Fürstlichen Rentkammer, sonst privaten Besitzern. Um 1810 eingegangen.

Auf diesem Gelände, 1775 als »Hochstetterisches Gut« bezeichnet, 1808 im Besitz von Fabrikant Kylius (s. u.), entstand ab 1810 die **»Mechanische Spinnerey«** (Baumwollspinnerei) von Fabrikant Friedrich (F. Carl Philipp) Bockshammer (Bokshammer) (1787–1862), der zeitweise 150 Arbeiter beschäftigte. Auf seinem Grundstück ließ er 1830 durch Oberst Karl Duttenhofer (1758–1836) 3 artesische Brunnen erbohren und im nächsten Jahr weitere 5 Brunnen. Die Letztgenannten liefern seit 1856 das nötige Mineralwasser für das **Mineralbad Berg** (Neuner). 1944 zerstört, wurde es bis 1959 wieder aufgebaut. Dort waren schon 1604 die Mauern der (zweiten) Burg bei der Bachmühle zu Berg entdeckt worden, die wohl 1287 König Rudolf von Habsburg zerstören ließ. Beim Bau des Mineralwasserbeckens wurden die Grundmauern des Turmes der Burg zerstört. 1857 wurde in der Fabrik die »Mechanische Zwirnerei und Spinnerei Mayer u. Kober« eingerichtet. Bockshammer zog 1859 nach Cannstatt. Zuletzt war hier das Holzwarengeschäft Rößler und Weißenberger in dem Werk, das dann nach Cannstatt zog.

Am Schwanenplatz (früher Poststraße 3, Neckarstraße 289): 1775 Berg 34, am Kiesweg, Zollhaus I am Kiesweg, 1670 erstmals genannt, hier wurde für den Verkehr auf dem (ehemaligen) Renn- oder Kiesweg zwischen Cannstatt und

Stuttgart, später auch zwischen Esslingen und Stuttgart »Zoll« = Pflastergeld erhoben.
1914 Wohnhaus von Wilhelmine Haug, Bäckermeisters-Witwe. Um 1972 abgebrochen.

Unterer Schloßgarten (fr. Poststraße 9): Neben dem Zollhaus I erstellte 1808 der Handelsmann Johann Christian Kylius aus Stuttgart (* 1777 in Lahr (Baden), nach etwa 1818 nicht mehr in Stuttgart) eine große **»Türkische Garnfärberei und Baumwollspinnerei«** mit 2000 Spindeln, an der auch Fabrikant Wilhelm Zais (1772–1840) aus Cannstatt einige Jahre beteiligt war, sowie eine Zichorienfabrik mit Arbeiterwohnungen. 1818 erwarb König Wilhelm I. den nördlichen Teil dieses Anwesens teilweise. Ein Haus wurde zum »Pavillon Berg« umgebaut für Bedienstete, später auch »Kgl. Landhaus« (1836) genannt. Das Landhaus wurde 1932 abgebrochen.

Nahebei stand das Zollhaus II und das anstoßende Siechenhaus etwa beim ehemaligen (alten) Schwanenplatz. Beide werden 1426 erstmals genannt. Beide Gebäude gehörten zu Cannstatt, doch gab es über die Markungszugehörigkeit mit Stuttgart häufig Streit. Mit besonderer kaiserlicher Erlaubnis wurde 1479 die Zollstätte von hier in die Stadt Cannstatt verlegt.

Neckarstraße 304 (früher Poststraße 15, am (alten) Schwanenplatz): Ehem. Amtshaus, 18. Jh., dann Brauereigebäude und Gasthaus »Zum Schwanen«, 1836 »vormalige Beamtung«, daneben Öffentlicher Brunnen. 1860 Anbau, Besitzer: 1914 Württ.-Hohenz. Brauereigesellschaft, 1940: Stuttgarter Hofbräu AG. 1958 Land Baden-Württemberg (Staatl. Liegenschaftsamt Stuttgart); gehörte bis 1836 zur Markung Cannstatt.

Östlich davon:

Neuer Holzgarten, zwischen 1721 und 1725 zwischen Mühlgraben und Poststraße angelegt. 4⅛ Morgen = 130 ar 10 qm groß. 1823 aufgelöst und mit der Stuttgarter »Holzverwaltung« vereinigt, gehörte bis 1836 zur Markung Cannstatt.

Dammstraße 5, Cannstatter Straße 212, 214, 216: Im Neuen Holzgarten Ingenieurlaboratorium der Technischen Hochschule, als Materialprüfungsanstalt 1904–1906 erbaut, von Prof. Dr. Carl Bach (1847–1931) begründet. Um 1970 abgebrochen.

Poststraße 14: Vor 1740 erbaut, 1740 durch Belling (s. u.) Wohn- und Badezimmer eingebaut, nach 1800 Wirtshaus zum Schiff, später Wohnhaus, 1944 zerstört.

Poststraße 17: 1775 Nr. 32, das einstige Bierhaus, Besitzer 1914 Aktienbrauerei Wulle, Gastwirt Eustachius Clement, 1944 zerstört.

Poststraße 23 (Doppelhaus mit 25): 1775 Nr. 31, Haus des Holzmessers Hopphahn, 1836 Holzinspektors Wohnung, Besitz 1914 K. Kameralamt Cannstatt, 1944 zerstört.

Poststraße 25 (Doppelhaus mit 23): 1775 Nr. 32, das alte Werkhaus, 1836 Stall neben des Holzinspektors Wohnung, Umbau 1853, Besitz 1914 K. Kameralamt, Wohnhaus, 1944 zerstört.

Poststraße 27: 1775 Nr. 29 Haus des Müllers Raff, Inhaber der Hinteren Mühle; 1842 und 1853 umgebaut, Besitz 1914 Stadtgemeinde Stuttgart, Wohnhaus, 1944 zerstört.

Die Häuser Nr. 17–27 auf der linken Seite der Poststraße gehörten bis 1836 zur Markung Cannstatt.

Nißlestraße (1957 nach Inhaber der Vorderen Mühle benannt, vorher Mühlenstraße) 22: 1903/1907 erbaut, Besitz 1914 Verein »Werahaus«, Kleinkinderschule. 1958: Gaststätte »Werahaus«, 1974 von der Ev. Kirchengemeinde Berg an die Stadt Stuttgart verkauft.

Schule für Krankengymnastinnen.

Östlich, nordöstlich und südöstlich:

Mühlgraben, Mühlkanal: Zweigte am ehemaligen Gaisburger Wehr beim 1680 erbauten einstigen Wasserhaus vom Neckar ab, zog am Fuß des Mühlrains, am Ort Berg und am Fuß des Kahlenstein (später Schloß Rosenstein) entlang und floß oberhalb des Wilhelmatheaters wieder in den Neckar, zwischen ihm und dem Fluß lag die Insel Berg. Er bildete in früherer Zeit vielleicht den alten Neckarlauf. Urkundlich als Mühlgraben erstmals 1474 genannt; er wurde bei der Neckarkorrektion nach 1929 aufgefüllt. An ihm lagen von alters her die Berger Mühlen.

Floßkanal, Floßcanal: Zweigte vom Mühlgraben vor einem Wehr nach rechts ab und vereinigte sich unterhalb von Berg und der Vorderen Mühle wieder mit ihm. Der obere Teil wurde teilweise nur als »Floßkanal«, der untere Teil »Hinterer Mühlgraben« genannt. Er wurde für die Flößerei zum Alten herrschaftlichen Holzgarten im 17. Jahrhundert ange-

9

legt. Er wurde ebenfalls mit der Neckarkorrektion nach 1929 aufgefüllt.

Insel Berg: Zwischen Mühlgraben und Neckar. Seit der Neckarkorrektion mit dem Auffüllen des Mühl- und Floßkanals aufgehoben.

Der Flecken: Der älteste Teil Bergs links vom einstigen Mühlgraben. Meist im Bezirk der Herrschaft (der Rentkammer), hauptsächlich um die herrschaftlichen Mühlen.

Am Leuzebad (1932 benannt, vorher Berger Insel), bis 1934 zur Markung Bad Cannstatt:

Inselquelle (Berger Sauerbrunnen): Schon im 17. Jahrhundert bekannt, 1739 ließ Johannes Andreas Belling, Amtmann und herzoglicher Holzverwalter in Berg, die Quelle neu fassen und überbauen. 1740 durfte er ein Badhaus bauen. 1839 vom Cannstatter Brunnenverein neu gefaßt und Anlagen errichtet. König Wilhelm I. ließ nach einer Kur einen Pavillon daneben erbauen. 1861 Trinkhalle von der Stadt Cannstatt erstellt. Beim Bau des Neckarkanals kam die (alte) Inselquelle ins Flußbett, sie mußte mit einem Deckel abgedeckt werden. Die heutige Inselquelle wurde am 5.10.1928 neu erbohrt, wobei große Probleme erst von Oktober 1951 bis 15.9.1952 mit hohen Kosten reguliert werden konnten.

Mineralbad Leuze um 1912

Leuzequelle: Als artesische Quelle 1833 von Tuchfabrikant Klotz für seine Tuch- und Wollwarenfabrik erbohrt.

Manufaktur von Tuch- und Wollwaren von Fabrikant Ehrenfried Klotz (*1797 Stuttgart, †1858 Stuttgart) in Stuttgart 1820 gegründet. Er verlegte die Firma 1826 auf die Berger Insel (Markung Cannstatt bis 1934) neben den Sauerbronnengraben und den Floßkanal. 1833 ließ Klotz für die Fabrik die spätere Leuzequelle erbohren (s. o.). Der Mechanikus Augustin Koch baute daneben 1840–1842 seine Badeanstalt mit 34 Zimmern, 22 Badezimmern, 10 Mineralbassins, 16 Duschen und 21 Flußbädern. 1848 übernahm der pensionierte Postmeister Christian Wirth das Bad.

Mineralbad Leuze (1900 Leuzesches Mineralbad, Insel Berg 2) jetzt Am Leuzebad 2–6, bis 1934 zur Markung Bad Cannstatt: Ludwig Friedrich Karl Leuze (1794–1864), Schultheiß in Ölbronn, kaufte das Bad 1851, baute es um und eröffnete es im April 1854 mit Wannenbädern und für Trinkkuren. 1855 entstand ein weiteres Haus mit 65 Zimmern, einem Speise- u. einem Unterhaltungssaal. Der Sohn Ludwig Friedrich Karl Leuze (1818–1876), der Enkel Ludwig Christian Karl Leuze (1849–1912) und der Urenkel Ludwig Albert Eugen Leuze (1877–1944) führten das Bad weiter. 1886 wurde die Schwimmhalle eröffnet. Vom August 1914 bis 1. Juli 1920 war hier das Reservelazarett II Cannstatt untergebracht. Im Kurhaus wurde 1920 ein Altenheim (»Inselheim«) eingerichtet, das erst wieder am 1.5. 1939 zur Kuranstalt eingerichtet wurde. Der letzte Leuze verkaufte das Bad im November 1919 an die Stadt Stuttgart, die Übergabe erfolgte am 1.7. 1920. Leuze blieb Badpächter, bis die Gebäude beim Fliegerangriff am 21.2. 1944 fast völlig zerstört wurden. Leuze erlitt beim Löschen schwere Verbrennungen, an deren Folgen er starb.

Wiederaufbau ab 1946, Freibad 1950 wiedereröffnet, 1956 weiter ausgebaut, 1961 Neubau der Schwimmhalle, beidemal Architekt Hellmut Weber, desgleichen 1975 Kurmittelhaus, 1978–1983 Warmbadehalle mit Bewegungstherapiezentrum und Freibadebecken neugebaut, anschließend die Sauna. Baukosten hier 45,9 Mio DM, Planung und Bauleitung Architekten Geier und Geier, Stuttgart, künstlerische Gestaltung Prof. O. H. Hajek, Oberleitung Technisches Referat und Hochbauamt der Landeshauptstadt Stuttgart.

Am Mühlkanal (bis 1937 Kanalstraße) 3: (1775 Nr. 25 und 24), (25) 1775 Schmied Drießleins Haus, vor 1890 abgebrochen.

(24) 1775 Ips-Mühl, Gipsmühle, war nördlich an die Hintere Mühle angebaut, vor 1890 abgebrochen.

Am Mühlkanal 5 (1775 Nr. 23): **Hintere Mühle** oder Kleine Mühle, 1304 erstmals erwähnt, 1489 von Graf Eberhard im Bart für 800 Pf. Hl. an Konrad Müller von Herrenberg verkauft. 1511 von Herzog Ulrich zurückerworben. 1775 »Raffenmühle« nach dem Pächter, 1860 stillgelegt, jetzt Staatl. Pumpwerk (Staatl. Neckarwasserwerk). 1914: Besitzer: K. Kameralamt Stuttgart.

Mit ihr verbunden »gegen den Rain gelegen« Loh-, Walk- und Schleifmühle, 1489 genannt, die Herzog Eberhard I. 1495 der Stadt Stuttgart überließ.

Am Mühlkanal 10 (1775: Nr. 20): 1775 Haus des Amtsknechts, Aufbau 1869, 1914: Georg Hegwein, Maschinist.

Poststraße 30 (1775 Nr. 12): **Große Mühle** vor 1578 die »Mühle«, ab 1578 »Schöffelmühle« nach einem Müller, Banmühle (ab 1571), Bannmühle, Bahnmühle (noch 1745); spätestens 1914: Kunstmühle (s. 32 und 34).
Vordere Mühle: Sie ließ Graf Ulrich V. der Vielgeliebte 1456 als zweite Mühle erbauen, im Besitz der Herrschaft (Herrschaftliche Mühle). Graf Eberhard im Bart verkaufte 1489 die Mühle um 600 Pf. Hl. an Ludwig Rietmüller von Ötlingen, 1511 erwarb sie Herzog Ulrich zurück. März 1613 durch Feuer zerstört, 1613 durch Baumeister Heinrich Schickhardt (1558–1635) wieder aufgebaut (Portal mit Jahreszahl 1613 und Hochwasserstandzeichen im Lapidarium der Stadt), Anbau 1708 erbaut, 1914 Besitz: K. Kameralamt Cannstatt, zuletzt 1940: Württ. Fiskus (Staatsrentamt Stuttgart), Pächter: Sauerstoff- und Stickstoffwerk Kraiß und Friz, 1944 zerstört.
Poststraße 30b (1775 Teil von Nr. 12 und Nr. 11): Nr. 11 (1775) vor 1566 von Michael Weißgerber als Loh-, Stampf- und Schleifmühle erbaut, 1662 als »Weißgerber-Walk« neu erbaut, so noch 1775, gehörte damals zur Seidenfabrik (s. u.); Nr. 30b 1914 Besitz: K. Kameralamt Cannstatt; Pächter Georg Kreglinger, Kunstmüller; dann wie Nr. 30 (s. o.).
Poststraße 32 und 34 (1775: Nr. 11 und 10): Nr. 11 (1775) wie oben 30b (teilweise). Nr. 10 (1775) »Schiedten-Mühle«

des Müllers Schiedt; Haus 10 (34) gehörte bis 1836 zur Markung Cannstatt; beide Gebäude wurden 1828 abgebrochen. An ihrer Stelle wurde 1828–1831 die erste *Kunstmühle* erbaut und 1833 erweitert. 1914 und 1940 Besitzer: Stadt Stuttgart, 1880 in die Pumpstation des Neckarwasserwerks umgebaut. Haus 34 ist (verändert) mit den Gebäuden 36 und 38 1977 im Besitz der Technischen Werke AG erhalten.
Poststraße 35 (1775: Nr. 2): 1566 von Michael Weißgerber als Loh-, Stampf- und Schleifmühle erbaut, 1775 »Neue Weißgerber-Walk«, nach 1836 abgebrochen; hier jetzt der *Mühlbrunnen*, Mineralwasser-Brunnenanlage.
Poststraße 36 (1775: Nr. 8): 1775 Schleifmühle und Tuchwalk, 1839 umgebaut, 1859–1877 Nißlesche Getreidemühle, 1914 Besitzer Stadtgemeinde Stuttgart, 1894 umgebaut 3 stockiges Wohn- und Werkstattgebäude, 1976 verändert, Besitzer Technische Werke AG. Zwischen Haus 34 und 36 ehemals Steg über den Mühlkanal und Verbindung zwischen Floß- und Mühlkanal.
Poststraße 38 (1775: Nr. 5): 1662 erbaut, 1775 Alte Münze, 1836 »Münzgebäude«, später Walkmühle mit Wäscherei und Bleiche, um 1900 umgebaut zu 3½ stockigem Wohnhaus, 1914 Besitzer Stadt Stuttgart, Schlosserwerkstätte des Städt. Wasserwerks, Instandsetzung von Kriegsschäden 1958, 1977 Besitz der Technischen Werke AG.
Poststraße 40 (1775: Nr. 6): 1775 abgebranntes altes Schiff-Wirtshaus, 1807 Haus erbaut, 1842 und 1855 umgebaut, 1914 Wohnhaus, Besitz von Franz Freiherr Schenk von Stauffenberg, Rißtissen, vorher von I. Heilbronner und Söhne, Weberei in Nr. 44 und 46; zerstört.
Poststraße 41 (1775: Nr. 1): 1775 *Amtshaus*, Sitz des herzogl. Amtmanns für den der herzogl. Rentkammer unterstehenden »Kammer-Ort Berg«, bis 1836 auf Markung Cannstatt, 1914 Stadt Stuttgart, Wohn- und Geschäftshaus für Otto Rupp, Mehl-, Getreide- und Futterartikel; 1940 Stadt Stuttgart, Wasserwerk der Technischen Werke.
Poststraße 43: *Wasserwerk Berg* der Technischen Werke der Stadt Stuttgart AG. Bis 1934 zu Markung Bad Cannstatt (Insel Berg 24). Errichtet auf dem Gelände des *Alten* (Herrsch.) *Holzgartens*, für den der Floßkanal angelegt wurde. Holzgarten (Fläche 3¾ Morgen = 118,20 ar) im 17. Jahrhundert angelegt, ab etwa 1725 an die Mühlen verpachtet (noch 1836). Auf ihm stand 1836 das Mittlere Werkhaus. Östlich grenzten bis zum Neckar die Mühlwiesen an.

Poststraße 44/46 (1775: Nr. 7), mit Haus 42: Ab 1751 Seidenfabrik, von den Kommerzienräthen Rheinwald und Fink gegründet und erbaut, bestand nur kurze Zeit. 1775 noch als Seidenfabrik bezeichnet. Ab 1795 C. D. Fabersche Lederfabrik, 1822 Fabrik verkauft, später Mechanische Weberei Groß, bis 1875; Weberei I. Heilbronner und Söhne, 1914 Besitzer Franz Freiherr Schenk von Stauffenberg, Pächter Vereinigte norddeutsche und Dessauer Kieselgurgesellschaft, Fabrikation von Kieselgur- und Korksteinmaterialien, 1940 Karosseriefabrik K. Baur.

Die Gebäude Poststraße 34–46 gehörten bis 1836 zur Markung Cannstatt, ebenso Nr. 41 und 43 ff.

Südlich:

Die Häuser in der Kirchstraße und auf dem Kirchrain wurden im 18. Jahrhundert »oben zu Berg« und im 19. Jahrhundert der »Weiler« im Unterschied zum Ortsteil »unten zu Berg am Neccar« und zum »Flecken« genannt.

Klotzstraße (1937 nach Fabrikant Ehrenfried Klotz aus Kirchstraße umbenannt) 1B: Gehörte ursprünglich zum Anwesen der Bachmühle und der Mechanischen Spinnerei. 1903 Wohnhaus erbaut, 1904 das Hinterhaus. Sitz der Flaschnerei Karl Dempel bis 1939, seit 1899 in Berg, Poststraße 14.

Klotzstraße 3 (1775: Nr. 37): 1775 das »Tuchhaus«, offenbar die von Herzog Eberhard III. 1663 errichtete Tuchfabrik, die nur kurze Zeit bestand. 1914 Besitzer: David Hudelmaier, Herrschaftskutscher.

Klotzstraße 15: Vor 1800 erbaut, Aufbau 1868; 1914: Gottlieb Wägele, 1943 zerstört, 1955 Wiederaufbau.

Klotzstraße 17: 1959 Wohnhaus erbaut.

Klotzstraße 19: Vor 1836 erbaut, Kellergebäude, zu den Mühlen gehörend, Eigentum der K. Finanzkammer, wohl 1852 abgebrochen.

Klotzstraße 20: Vor 1800 erbaut, 1914 Georg Wannenwetsch, Zigarrenfabrikation, 1943 zerstört.

Klotzstraße 22: Vor 1800 erbaut, 1835 Aufbau, 1914: Johann Cruse, Kaufmann, 1943 zerstört, 1949 Wiederaufbau.

Klotzstraße 23 (1775: Nr. 27), diese Nummer trug das Haus nie. 1775 (Altes) *Schulhaus* mit Schullehrerwohnung, 1768 an Stelle eines älteren südlich der Ev. Kirche auf Anordnung des Kirchenrats erbaut, 1827 durch Anbau vergrößert, um

1854 abgebrochen. Daneben mit Nr. 23 1937 1 stockige Netzstation der Technischen Werke erbaut.

Klotzstraße 25 (diese Nummer trug das Haus nie): Hier stand vermutlich (nach einem Riß von 1559) das einstige Berger Pfarrhaus, 1533 erbaut, 1587 wurde der Pfarrsitz wegen der abgeschiedenen Lage und der Unsicherheit nach Gaisburg verlegt und das Pfarrhaus abgebrochen. 1823 entstand hier ein Wohnhaus (vielleicht schon 1775, jedoch ohne Hausnummer), das Michael Furthmüller gehörte. Es wurde wohl um 1852 abgebrochen.

Klotzstraße 26: Erbaut um 1800, 1812 umgebaut, 1887 2 stockiger Neubau, 1914: Besitzer: Staatsfinanzverwaltung; Wohnung Karl Süskind, Stadtpfarrer; 1943 zerstört Wiederaufbau nach Kriegsschaden 1960.

Klotzstraße 27 (1775 zu Nr. 19): Vor 1775 erbaut, 1900 im Besitz von Katharine Drebes, Viktualienhändlers-Witwe, 1914 Besitzer: Christian Stegmeier, Kanalstraße 12 (jetzt Am Mühlkanal 12); 1961 zum Gebäude Am Mühlkanal 12 umnummeriert.

Klotzstraße 28: 3 stockiges Wohnhaus 1964 erbaut. Besitzer Paul Blankenhorn.

Klotzstraße 30: 4 stockiges Wohnhaus 1963/64 erbaut.

Klotzstraße 34 (Vorgängerbau 1775: Nr. 26): 1775 Haus des Münzschlossers Kaltschmid, Haus um 1853 abgebrochen. 1853/1854 Neubau des *Schulhauses*, mit Lehrerwohnungen; 1914 im Besitz der Stadt Stuttgart; 1943 zerstört.

Klotzstraße 36 »unten an der Staffel«: 1797 erbaut; 1914 Besitz von Wilhelm Lutz (wohnte Kanalstraße 16) und Karl Sticker, Schneidermeister und Mesner; 1943 zerstört.

Klotzstraße 38 »unten an der Staffel«: 1887 erbaut, 1914 im Besitz von Christian Schmalacker, Bureaudiener; 1943 zerstört.

Kirchrain: Steilhänge nördlich und östlich des Kirchhofs, 1476 erstmals genannt, Teil des Mühlrains bei der Kirche, später auch für den Hang südlich der Kirchstraße (Klotzstraße) mit den höher gelegenen Kirchäckern, 1700 erwähnt.

Mühlrain: Steilabfall des Höllschen Bühls und Raitelsbergs zum Mühlgraben hinab. Er ist wohl als Mühlgrabenrain zu erklären. Er wird erstmals 1489 erwähnt. Ursprünglich Besitz der Stadt Stuttgart. 7 Morgen wurden 1663 zum Bau von »Wohnungen für Laboranten und Fabrikanten« der herzoglichen Rentkammer gegen einen jährlichen Zins von 2 Pfd.

Heller überlassen. 1836 erhielt die Stadt diesen Teil des Mühlrains wieder zurück.

Ottostraße 1: Wohl 1889 als »Villa« von Kaufmann Gustav Kreglinger erbaut. Die Stadt kaufte das Anwesen 1939 von Karl Dempel, MdR. 1940 wurde das Haus für das Altenheim Berg umgebaut. 1944 brannte es aus. Neubau erstellt 1956/57 als Parkheim Paulusstift vom Verein vom guten Hirten und am 12.7. 1957 eingeweiht (siehe ehemaliger Bergfriedhof 1.8).

Bestattungsbezirk

Der Ort Berg, auch als er herzogl. Kammerort wurde, bis 1825. Häufig wurden auch Bewohner der Insel Berg, obwohl diese zumeist zu Cannstatt gehörte, und dazu die meisten, die im Neckar oder Mühlkanal ertrunken waren, im Kirchhof beigesetzt. Eine Zeitlang wurden herzogliche Bedienstete aus Stuttgart in der Kirche vor dem Altar mit herzoglicher Erlaubnis bestattet.

Gräber

Größe des Kirchhofs 1823

Kirchhof ohne die Mauern	ca. 9 ar 58 qm
Mauern	ca. 1 ar 27 qm
Fläche des Kirchhofs mit den Mauern	ca. 10 ar 85 qm
Fläche des Kirchhofs mit den Mauern	ca. 10 ar 85 qm
Fläche der Ehemaligen Kirche Berg 1823	ca. 2 ar 44 qm
Gesamtfläche der Kirche, des Kirchhofs, der Mauern	ca. 13 ar 29 qm

Anzahl der Grabstätten 1823 (geschätzt)

etwa 200 Erwachsenen- und 40 Kindergräber = etwa 240 Gräber. Auf 1 Grab fällt durchschnittlich eine Fläche von ca. 4,00 qm.

Bestattungen

	Erwachsene	Kinder	Totgeburten	Summe
1600	3	2	–	5
1601–1610	6	4	–	10
1611–1620	3	–	–	3
1621–1630	2	–	–	2
1631–1640	2	5	–	7
1641–1650	1	3	–	4
1651–1660	4	5	–	9
1661–1670	14	15	4	33
1671–1680	34	38	4	76
1681–1690	32	43	–	75
1691–1700	20	23	2	45
Zwischensumme 1600–1700	121	138	10	269
1701–1710	25	33	–	58
1711–1720	53	46	–	99
1721–1730	49	50	–	99
1731–1740	41	57	–	98
1741–1750	71	86	–	157
1751–1760	56	65	1	122
1761–1770	33	78	2	113
1771–1780	47	40	9	96
1781–1790	59	57	5	121
1791–1800	51	104	5	160
Zwischensumme 1701–1800	485	616	22	1123
1801–1810	60	101	17	178
1811–1820	86	129	13	228
1821–1825	47	87	3	137
Zwischensumme 1801–1825	193	317	33	543
1600–1700	121	138	10	269
1701–1800	485	616	22	1123
Gesamtsumme 1600–1825	799	1071	65	1935

Anmerkung: Johann Gottfried Stöckle, Chirurg, Organist und Heiligenpfleger in Gaisburg, *13.2.1730, †16.8.1781, schrieb die Kirchenbücher von Berg (dazu auch Gablenberg, Gaisburg und Botnang) und damit das Totenbuch von Berg von 1600 bis 1711 zum Teil nach 150 Jahren aus losen Zetteln und Büchern zusammen. Die damals erhaltenen Aufschriebe sind unvollständig, enthalten Fehler und waren mangelhaft geschrieben. Völlig unglaubhaft sind die Aufschriebe für die Kriegs- und Pestzeit 1634–1638. Deutlich ist eine bessere Buchführung ab 1661 und 1741 zu erkennen.

Beerdigungsregister

»Berger / Tauff-, Ehe- und Todten-Buch / Angefangen / 1600 / und geendigt / 1712« (Ehebuch endet 1712, Tauf- und Totenbuch 1711)
»Tauf-, Ehe- und Toten-Register / 1712–1807« (Totenbuch 20.5.1712–22.11.1807)
»Todten-Register / vom / 1. Januar 1808 bis 1853«
Alle im Kirchenregisteramt der Kirchenpflege Stuttgart.

Älteste Grabmale

Epitaph, jetzt Liegeplatte von 1711 für
Hettler, Philipp Benjamin †2.11.1710 und Geschwister
Epitaph von 1715 für
Brand, Friedrich (F. Moritz) von, Obristlieutenant bei der Garde, †20.1.1715
Obelisk von 1786 für
Sayn-Wittgenstein-Hohenstein, Carl Ludwig Graf von, †9.8.1785
Hoher Sockel mit Säule von 1794 für
Schauber, Friedrich Ludwig, †15.8.1793

Beisetzungen im Ehemaligen Kirchhof Berg und in der Ev. Kirche Berg

○ *Aichinger*, Sigismundus, früherer Tuchmacher, †25.10. 1679 Berg, 70, ▢28.10.1679. »gewesener Tuchmacher alhier, gebürtig Von Freystatt im Land ob der Enß (heute Freistadt, Bezirksstadt in Oberösterreich, Gegenreformation ab 1624). Wegen der reinen Religion aber Von dar aus und dann das 2.te mal Von Preßburg aus Ungarn Vertrieben. Der Herr Verleyhe ihm an jenem Großen Tag eine fröliche Auferstehung.«

○ *v. Arnheim*, Obristleutnant, ▢28.9.1734. »auff Hochfürst. conceßion Begraben.« (in der Kirche?).

○ *Bach*, Johann Jacob, Chirurgus; So von Ehrhard Bach, M, Pfarrer in Häfnerhaslach und Sara, geb. Schmid; ⚭1778... Anna Ursula, geb. Brenkhardt (1762–1831, ▢Ehem. Bergfriedhof, s.d.); 1804 von Warmbronn, OA Leonberg, nach Berg gezogen. So Christoph Erhardt Bach, Chirurg III. Classe (1798–1870, ▢Ehem. Bergfr., s.d.), *29.9.1751 Häfnerhaslach, OA Brackenheim (jetzt Sachsenheim-Häfnerhaslach, Lkr. Ludwigsburg), †9.4.1824 Berg, 72, ▢12.4. mittags 2 Uhr.

○ *Bayer*, Johannes, Ipsmüller, ▢12.3.1723 Berg.

○ *Bayer*, Paul, Münzwächter, Vorfahr von Dr. Hans Bayer (Thaddäus Troll), ⚭... (s.u.). †15.4.1766 (nicht 1765) Berg, 49, ▢16.4. »bey Nacht«.

○ *Bayer*, Christiana Elisabeth, geb. Stauch, ⚭... (s.o.), Wittib, †22.2.1777 Berg, 63, ▢24.2.

○ *Belling*, Maria Sabine, Frau, ▢9.9.1748 Berg, 26 (36?).

○ *Beni*, Leinenweber, Gewirtzmiller, »v. Harburg, Rel. Flüchtling vor 19 J. (1687) gewichen u. hieher gezogen«; ⚭... Catharina (s.u.). *1648 (errechnet) Harburg/Schwaben, BA Donauwörth, ▢20.1.1706 Berg, 57.

○ *Beni*, Catharina, Witwe, ▢12.11.1708 Berg, »etlich und 60 Jahr«.

○ *Bernhardt*, Johann Conrad, »Herrschaftlicher Müller und Heiligen Pfleger alhier« V Johann Conrad Bernhardt; ▢12.2.1693 Berg, 49.

○ *Bertsch*, Christian (Christianus), vorderer herrschaftlicher Müller; So von Hans Stephan Bertsch, Hintermüller, und Anna; ⚭... Anna Margareta Mantel, Wittib. *25.12.1683 Berg, ▢29.12.1721 Berg, 38.

○ *Bloch*, Stephan, »BürgerMeister, auch Würth und Gastgeb(er) alda«. *1633 (errechnet), ▢3.9.1669 Berg, 36 J. 4 Mon.

○ *Bob*, Johann Friedrich, Generaladjutant v.d. Erbprinzischen Regiment, »im Wirths (Wirtshaus) gestorben«, ▢29.1.1713 Berg (in der Kirche?).

○ *Bögele*, Michael, Herrschaftl. Bahnmüller. *1659/1660 (errechnet), †26.11.1687 Berg, 27 oder 28, ▢29.11. mittags 1 Uhr.

○ *Bohr*, Johannes, Zeugmacher und SchulMeister, »welcher 36 Jahr das Dienstle versehen«. *1640 (errechnet), ▢24.9.1709 Berg, 69.

○ *Boley,* Johann Georg, MüllerObermeister; So von Johann Peter Boley (Bolay), B. und Beck in Stuttgart, und Maria Regina, geb. Wimpf; ∞ I. 1783 Anna Barbara Raff, geb. Wirth, † 1788; ∞ II. 1790 (s. u.). So Johann Georg Boley, B. und Feldmesser in Stuttgart, * 1792 Berg, † 1832 Wimpfen. * 10. 3. 1757 Stuttgart, † 30. 12. 1822 Berg, morg. ½ 10 Uhr – »Apocal. 14, 13« – 65, ▢ 2. 1. 1823 vorm. 10 Uhr.

○ *Boley,* Catharina Barbara, geb. Merz; ∞ Berg 1790 (s. o.). * 25. 11. 1765, † 18. 3. 1806 Berg, 40, ▢ 20. 3. Berg.

Brand, Friedrich Moritz von, Herz. Württ. Obristlieutnant bei der Garde, aus dem Hause Haardorff (Kreis Weißenfels, jetzt zu Waldau, Lkr. Zeitz), begütert in Haardorff, Klein-Helmsdorf (Kreis Weißenfels, jetzt Kleinhelmsdorf, Lkr. Zeitz) und Roda in Sachsen (-Altenburg? = heute Stadtroda, Lkr. Stadtroda). * … April 1681 … (Geburtsort unbekannt), † 20. 1. 1715 Berg, 33, ▢ 23. 1. 1715 abends 8 Uhr in der Ev. Berger Kirche vor dem Altar. »Den 23. Jan. 1715 Ist der Hochwohlgeborene Herr Von Brand Ihrer Hfürstl. (Hochfürstlichen) Durchl. (Durchlaucht) zu WürttenBerg hochangesehener Obristleutenant nacht um 8 Uhr Beygesetzet und nach gehaltener Leich Sermon in die Kirch vor den Altar Begraben worden.« (Totenbuch Berg).

Epitaph aus grauem Sandstein von **1715,** ursprünglich wohl bis 1853 in der alten Berger Kirche, jetzt an der Mauer als Wandgrabmal auf Parzelle 701/1 neben der Trafostation Klotzstraße 23 mit dem Familienwappen mit Helmzier: »In Gold ein schräg links liegender, an beiden Seiten verhauener, an der oberwärts liegenden Seite zwei-, an der nach unten gekehrten einmal geasteter, schwarzer, dicker Baumzweig, aus dem oben und wo er geastet ist, Flammen herausschlagen, also ein Feuerbrand.« (Kneschke, E. H.: Adels-Lexicon, Band II, 1860, S. 10).

Die Familie von Brand ist ein altes sächsisches Adelsgeschlecht, es wurde 1244 erstmals genannt. Seine Besitzungen lagen im Königreich Sachsen, in den sächsischen Herzogtümern und in der Provinz Sachsen. Vom 15. Jahrhundert an breitete sich das Geschlecht aus dem Hause Bodenstein (Kreis Worbis) aus und später hauptsächlich aus dem Hause Haardorff (fr. Kreis Weißenfels). Die fortlaufende Stammreihe eröffnet im 15. Jahrhundert Friedrich von Brand zu Bodenstein, verheiratet mit Susanna von Wechmar.

Epitaph aus grauem Sandstein an der südlichen Mauer des Kirchplatzes (ehemaliger Kirchhof) für Friedrich Moritz von Brand (1681–1715)

Inschrift unter dem Wappen in Majuskeln:
1 »Stehe still, Wandersma(nn),
2 under diesem (Aschen)hauffen ligt ver…,
3 den Gott als seinen Brandt aus dem Feür g(eboren),
4 dessen Verlust
5 ein grosser Fürst betraurt,

6 die untergebene Soldathen beweinet,
7 die (gantze) Freundschaft beseuffze(t),
8 die Wittwe lebenslang zu verschmertzen (hat),
9 nemlich
10 der Reichs Freÿ-Wohl gebohrne
11 (Friede)rich Moritz von Br(and)...
12 ... (v)on Haar(s)dorff, Klein Hel(msdorf)
13 ... (un)d Roda in Sachssen,
14 (Ihrer Hochfür)stl. Durchl. zu Würt(temberg)
15 O(brist)leuttenant bey der Garde,
16 gebohren
17 ... (Aprilis) Anno 168(1),
18 seelig verschieden
19 den 20 (Januar) 1715
20 ...... ihr onoy ...

○ *Crafft*, Johann Ernst, »H. Alexander Crafften Amtmanns allhier Sohn«. v. Krafft, Alexander, Hüttenschreiber der Glashütte zu Walkersbach, 1675 Inspektor, 1680–1693 Amtmann und Holzverwalter in Berg, 1693 Keller zu Kirchheim/Teck, ∞1678 ... Marie Agnes Hölder (sie ∞II. 1703 Johann Christoph Faber); NWDB §§ 1941, 2299, 2495; getauft 2.10. 1649 Essingen bei Aalen, †12.11. 1702 Kirchheim/Teck, 53. †26.7. 1688 Berg, □29.7. Berg.

○ *Cramer*, Gottfried (Johann G.), 1719–1736 Kriegsrathsregistrator, ab 1736 Kirchenratsregistrator; ∞1735 ... Anna Catharina ..., Bierwirts Wittib; NWDB §§ 1488, 2049, 2100; †11.6. 1746 Berg (nicht 31.8. 1736), □Berg.

○ *Czabelizki* (Czabelitzki, Czabelizky, Gabelisky), Johannes Graf von, 1757–58 und 1772–84 Württ. Kammerherr und Hauptmann, Ritter des Herzogl. Württ. Ordens, 1748 Obrist im Garde du Corps, Capitaine und Commandant der Herzogl. Garde Noble, Commandeur de l'ordre Militaire de St. Charles, Generalfeldmarschall-Leutnant; ∞1736 Stuttgart (s.u.). NWDB § 16 (2 mal); FR Nägele C 205, *1712, †8.11. 1784 Stuttgart, 72, □Berg (?)

○ *Czabelizki* (s.o.), Elisabetha Juliana, geb. Zorn v. Plobsheim, ab 1736 Hofdame; ∞1736 Stuttgart Graf v. Gabelisky, Rittmeister und Kammerherr beim Erbprinzen (s.o.), 12 Kinder 1738–1759 geboren: in Wolfschlugen Nottaufe für Johannes (Karl Ludwig J.) v. Gabelitzki am 21. Mai 1738: »Fräulein v. Zorn, welche auf der öffentli-

chen Landstraße zwischen Neuhausen und Wolfschlugen das Kind in der Gutschen geboren, ins Pfarrhaus getragen, alda gäh getaufft und andern Tages in einer Sänft mit der Kindbetterin nach Stuttgart geführt worden.« NWDB § 404; FR Nägele C 205; *1716, †11.8. 1783 Stuttgart, 67, □14.8. in einer Gruft bei dem Taufstein in der Kirche in Berg, »zu Berg in die Kirch in einer Grufft bey dem Taufstein und Sacristey beygelegt worden« (Totenbuch Berg).

○ *De Pai*, Christof, fremd; So von N.N. De Pai, Stadtrath in Riedlingen; ledig, *1799 Riedlingen OA Riedlingen (jetzt Lkr. Biberach), †»Ertrunken im Neckar den 29.6. (1819), nachm. 6 Uhr, □1.7. nachm. 3 Uhr unter Begleitung eines cathol. Geistlichen.«

○ *Depperich*, Martin, Ipsmüller; ∞... (s.u.), *1673 ..., □21.11. 1730 Berg, 57.

○ *Depperich*, Maria Barbara, *...; ∞... (s.o.), □21.1. 1733 Berg.

○ *Deuble*, Martin, herrschaftlicher Bestandmüller, hinterer Müller (nicht verheiratet mit Anna Barbara), *1679 ..., □7.10. 1718 Berg, 39 (nicht 40).

○ *Dieterlen*, Fritz, Müller, □29.6. 1619 Berg.

○ *Dieterlen*, Matthäus, Müller, □27.8. 1625 Berg.

○ *Driesslein*, Marie Magdalene, geb. Strohhäcker, To von Johannes Strohhäcker, Gerichts Verwandter in Cannstatt, und Maria Magdalena, geb. Eppinger; ∞Berg 1764 Georg Christian Driesslein, Hofschmied, Hof- und Waffenschmied, *13.4. 1740 ... †Stuttgart; So: Johann Georg Christian Driesslein, Schmiedemeister (1768–1828); *20.10. 1741 Cannstatt, †19.4. 1820 Berg, 68, □Berg 21.4.

○ *Duttenhofer*, Anna Elisabetha, »Johann David Duttenhofer, Zeugmachers uxor, so in dem Frantzosen Krieg in der Bahnmühle gestorben«, □Junius 1707 Berg.

○ *Duvernoy* (Du Vernoi, Du Vernois), Johann Friderich; So von Georg Friedrich Du Vernoi, Rathsverwandter, StadtRegistrator, Kammerrath, *14.10. 1721 Talheim (?), †25.1. 1794 Stuttgart; ∞I. Stuttgart 1753 Johanna Elisabetha, geb. Scheef (Schäf) (1729–1775); ∞II. Gaisburg 1780 Friedrike Catharina, geb. Müller, *14.9. 1767 Kleingartach (nicht 24.9. 1769), †29.10. 1835 Stuttgart; NWDB § 1675; *1781, †9.7. 1794 Cannstatt, 13, »im Neckar ertrunken«, □11.7. Berg, morgens 7 Uhr.

○ *Eberle*, Ludwig, herrsch. Holzmesser, Holzinspektor; So von Johann Georg Eberle, B. und Bauer, Roßwälden, und Barbara, geb. Straub; ∞ 1761 ... (s. u.); * 18. 5. 1738 (Roßwälden, OA Göppingen, jetzt Ebersbach an der Fils-Roßwälden), † 13. (nicht 15.) 12. 1802 Berg, 64, □ 17. 12. Berg.

○ *Eberle*, Catharina Margaretha, geb. Binder; To von Johann Georg Binder, B. u. Kieferer, Markgröningen, und Anna Maria geb. Jirg (?); ∞ 1761 ... (s. o.); * 17. 2. 1740 Markgröningen OA (jetzt Lkr. Ludwigsburg), † 24. 4. 1820 Berg, 80, □ 26. 4. Berg.

○ *Enßlen*, Ursula Maria, M. Johann Ferdinand Enßlen, Pfarrer zu Hohenstaufen, Ehefrau, »war 4 Wochen im Wirthshaus in Berg, Schlaganfall«, □ 11. 10. 1711 Berg.

○ *Essinger*, Andreas, Gewürtz Krämer, »sonst von Zayschweyher Maulbronner Amts gebürtig«. * 1663/1664 Zaisersweiher, OA Maulbronn (jetzt Maulbronn-Zaiserweiher, Enzkreis), † 31. 1. 1695 Berg, 31, □ 2. 2. Berg.

○ *Ettling*, Knäblein, So von Johann Friderich, Tuchscherer, Inspector, und Catharina. * April/Mai 1663, † 2. (nicht 3.) 7. 1664 Berg, 1 J. 2 Mon.

○ *Faber*, Heinrike Friderike, geb. Duvernoy; To von David Hermann Heinrich Duvernoy, Generalkriegskassier in Stuttgart, und Rosine Magdalene, geb. Hartmeyer; ∞ 1809 Stuttgart Christian David Faber, Lederfabricant und Kaufmann, 1844 von Berg nach Stuttgart gezogen, So von Johann Gottfried Faber, Mag. Pfarrer in Gaisburg, * 4. 11. 1773 Gaisburg (?), † 18. (nicht 28.) 8. 1845 Stuttgart (∞ II. 1827 Zuffenhausen Christiane Friedrike geb. Pfaff, To von Philipp Friedrich Pfaff, Commercienrat Vaihingen/Enz, und Sara Friedrike, geb. Thill, * 20. 9. 1786 Vaihingen/Enz). * 26. 9. 1785 Stuttgart, † 3. 2. (nicht 3. 3.) 1825 Berg, 39, □ 6. 2. Berg.

○ *Fischer*, Johann Wilhelm, gewesener Bürgermeister in Cannstatt. † 1718 Berg, □ 24. 9. 1718 Berg »zur Erden bestattet worden«.

○ *Forstner v. Dambenoy* (Damberg), geb. v. Lützelburg (Lützelberg), Oberhofmarschallin, Obristleutnantin, ist 1720/21 »ein Frauenzimmer ohne Titel«, NWDB § 383, ∞ ... (als II. Frau) Georg Friedrich Forstner v. Dambenoy, 1709–1716 Obervogt in Heidenheim, 1708 Oberhofmarschall und Obristleutnant; So von Heinrich Friedrich Forstner v. Dambenoy, Hofmarschall in Bayreuth und Württemberg, † 21. 8. 1687 Urach, und von Claudia Maria, geb. v. Lüzelburg; ∞ I. ... 1700 Juliane, geb. v. Sternenfels; ∞ II. ... (s. o.); 1695 Kammerjunker, 1702 Haushofmeister, Jan. 1708 Hofmarschall. »Floh vor den Verfolgungen der Grävenitz nach Paris, London und Mailand. Er wurde in Paris in contumaciam zum Tode verurteilt und sein Bild in Stuttgart vom Scharfrichter verbrannt.« * 1676 Bayreuth, † 29. 3. 1717 Mailand, 40 oder 41; ADB 7, 192; Hd 2, 373; 4, 299; NWDB §§ 1, 5, 28, 195, 2385; * 1682 † ... 12. 1721 Stuttgart, 39, □ 27. 12. 1721 Berg »mit H(och)fürstl. Conceßion« in der Kirche (?), NWDB § 383.

○ *Friderich*, Johann Ulrich, Vorder Müller in Berg, »forder Müller alhier«, * 1657, † 11. 9. 1708 Berg, □ 14. 9. Berg.

○ *Gabriel*, Christina Dorothea, geb. Cuon (Kuhn); ∞ vor 1746 Johann Jacob Gabriel, Pastor in Aichschieß und Winterbach; * 1720/1721 Stetten, OA Cannstatt (jetzt Kernen-Stetten, Rems-Murr-Kreis), † 24. 5. 1797 Berg, 76, □ 26. 5. abends.

○ *Gabriel*, Conrad Friderich, ehem. Bahnmüller, herrsch. Schreiber und Umgelter, Gutsbesitzer; So der Vorigen; ∞ I. 1777 ... (s. u.); ∞ II. Berg 1790 Elisabeth Regina Christiana, geb. Weiss, * 1753 Winnenden, † 1826 Stuttgart; * 6. 1. 1746 Aichschieß, OA Eßlingen (?) (jetzt Aichwald-Aichschieß, Lkr. Esslingen), oder Weilheim (?), OA Kirchheim/T., † 15. 6. 1817 (nicht 15. 8.) Berg, 71, □ 17. 6. nachm. 4 Uhr Berg.

○ *Gabriel*, Elisabetha Veronica, geb. Walter; To von Johann Caspar Walter, Dragoner Rittmeister, Wirt, und Margaretha geb. Sigel; ∞ 1777 ... (s. o.). † 2. 10. 1789 Berg, □ 4. 10. abends Berg.

○ *Gärtner*, Johann Michael, Zoller, Lammwirth in Berg; So von Johann Michael (Martin?) Gärtner, B. und Weingärtner in Großingersheim, und Katharina Barbara, geb. Franck; ∞ 1768 ... (s. u.). * 22. 2. 1742 Großingersheim, OA Besigheim (jetzt Ingersheim-Großingersheim, Lkr. Ludwigsburg), † 2. 7. 1805 Berg, 63, □ 4. 7. Berg.

○ *Gärtner*, Maria Christina, geb. Krämer, To von Jacob Krämer, Beck in NeckarRems, und Marie, geb. Geiger; ∞ 1768 ... (s. o.). * 15. 5. 1744 (Neckarrems, OA Waiblingen (?), jetzt Remseck-Neckarrems, Lkr. Ludwigsburg). † 12. 4. 1818 Stuttgart, 73, □ wohl nicht in Berg (?).

○ *Geismar*, ... von, Leutnant, »Den 13. Aug. 1718 H. Hf.

Leuten. von Geismar, Welcher von Hb. Leute: von Münchingen nach kurzem Wort Wechsel zu Kornwesten erstochen worden, in der Kirche begraben worden in dem 20. Jahr seines alters«, * 1698/1699, † 11. (?) 8. 1718 Kornwestheim, OA Cannstatt (jetzt Lkr. Ludwigsburg), 19, □ 13. 8. 1718 Berg, in der Kirche.

○ *Gerstner,* Hanß Jerg, Müller, Seegmüller in Berg; So von Bernhard Gerstner, Flötzer in Hilpertsau, Amt Gernsbach; ⚭ I. 1676 Gaisburg Anna Maria, geb. Pürnitz, To von Johann Pürnitz, Sergeant uff Hohentwiel; ⚭ II. 1678 … Loysa Margareta Burckhardt Wittib, † Mann Valentin Burckhardt, Sergeant in Heidelberg; ⚭ III. 1680 Anna Maria; * 1631 (Hilpertsau (?), Amt Gernsbach) (jetzt Gernsbach-Hilpertsau, Lkr. Rastatt), † Berg, 80, □ 23. 6. 1711 Berg.

○ *Gerstner,* Johann Jacob, herrsch. junger Seegmüller; So der Vorigen III.; ⚭ 1702 … (s. u.). * Nov./Dez. 1681 Berg, † 13. 2. 1746 Berg, 64, □ 16. 2. Berg.

○ *Gerstner,* Barbara, geb. Knödel; To von Christof Knödel, »Meister von Papierer« Ehrenspach in Hohenlohe (?); ⚭ 1702 … (s. o.), □ 20. 10. 1728 Berg, nachmittags.

○ *Gerstner,* Jung Johann David, aus dem Wasserhaus, Seegmüller, Wasserwächter und Floßinspector; ⚭ 1738 Berg Maria Rosina, geb. Göbel, To von Martin Göbel, Beck in Berg. * 1712/1713 Berg (?), † 19. 1. 1756 Berg, 43, □ 21. 1. Berg.

○ *Glück,* Johannes, herrsch. Müller; ⚭ 1754 Berg (s. u.); zweite Frau siehe bei Joh. Michael Raff, * 1712/1713, † 26. 3. 1760 Berg, 47, □ 28. 3.

○ *Glück,* Maria Rosina, verw. Laib, geb. Babel; To von Paul Michael Babel, Witwe von Hans Jerg Laib, † 1752, ⚭ 1754 Berg (s. o.). * 31. 3. 1706 (errechnet), † 5. 8. 1755 Berg, 49, □ 7. 8. Berg.

○ *Gögel,* Michael, herrsch. Bahnmüller; ⚭ 1685 Berg Anna Margareta Herding, Witwe v. Rudolph Herding † herrsch. Müller in der vorderen Neccarmühle; * 1659/1660, † 26. 11. 1687 Berg, 27 oder 28, □ 29. 11. um 1 Uhr.

○ *Gohl,* Barbara; ⚭ … Johann Georg Gohl, Bahnmüller in Berg; * 1746/1747, † 30. 1. 1784 Berg, 37, »Kindbetterin«, □ 1. 2. Berg.

○ **Graevenitz** (Grävenitz), Karl Ludwig von, Generalmajor, Excellenz; 1712 Oberst beim Garde-Füsilier-Regiment, 1722–1729 Obrist und Obervogt in Lauffen am Neckar; 1728 Generalmajor beim Württ. Kreis-Infanterie-Regiment, dessen Kommandeur 1731, 1733, 1729–1733 Obervogt in Heidenheim; ⚭ … Maria Claudia Schaffalizki von Muckadell, 8 Kinder in Stuttgart 1716–1728 geboren; NWDB §§ 2386, 2519; FR Nägele G 672;

Br. von Friedrich (F. Wilhelm) (auch Wilhelm Friedrich, Wilhelm Heinrich) von *Grävenitz,* 1705 Kammerjunker, 1708–1716 Adliger Geheimer Rat, 1716 Oberhofmarschall, 1718/1719 Oberst, um 1722 Geheimer Konferenzrat, 1723 Gubernator von Mömpelgard, 1723/24 (auch 1724/25?) Premierminister, 1729/30 Obersthofmarschall, 1706 Obervogt in Urach, 1726 auch von Denkendorf, Kirchheim/Teck (fraglich), Köngen, Neuffen (fraglich), Nürtingen (fraglich), Pfullingen, 1729 Calw, Liebenzell, Neuenbürg, Wildberg, Weihnachten 1733–1735 im Gefängnis auf (Hohen) Twiel, 28. 12. 1733 entlassen; ⚭ Stgt. geb. von Wendessen, Hofdame bei der Erbprinzessin, er: * 1679, † 1754; ADB 9, 616; NDB 719–720; Hd 2, 394; 4, 311; 8, 378; 10, 484; NWDB §§ 17, 30, 404, 1095, 1119, 1163, 2273, 2482, 2504, 2686, 2696, 2953, 3348; Br. von Christiane (C. Wilhelmine Friederike) von **Grävenitz,** seit 1706 Geliebte des Herzogs Eberhard Ludwig (* 1676, Stuttgart, 1677 unter Vormundschaft, 1693 für volljährig erklärt, † 1733 Ludwigsburg); ⚭ Juli 1707 heimlich den Herzog (in Doppelehe), 1710 »getrennt«, ⚭ 1711 (Scheinehe), Rittergut Oberhausen, Gemeinde Hausen am Tann, OA Balingen (jetzt Zollernalbkreis), den böhmischen Grafen Johann Franz Ferdinand von **Würben** (Wrbna) (jetzt auch 1711 Graf Würben und Freudenthal), kaiserlicher Kammerherr und Rat, 1711 Landhofmeister, Geheim- und Kriegsratspräsident, daneben auch 1713 Obervogt in Schorndorf; NWDB § 1091; er † 27. 1. 1720 Wien; sie nun »Landhofmeisterin«; Ortsherrin war Wilhelmine: 1708–1723 Gomaringen und (mit dem Namen Würben) 1712–1739 (?) Stetten im Remstal; 1718–1732 Welzheim mit der Waibelhube; 1727–1735 Freudental; 1724–1732 Brenz mit Oggenhausen und 1730–1735 Unterboihingen (Gräflich Würbisches Gut). Sie wurde im September 1731 verhaftet und mußte 1732 das Land verlassen. Sie lebte in Heidelberg und Berlin. 1736 schloß Herzog Karl Alexander einen Abfindungs-Vergleich. Wilhelmine von Grävenitz ist am 4. 2. 1686 in

Schwerin (Mecklenburg) geboren, sie starb am 21.10. 1744 in Berlin. NDB 6, 720–722; Hd 2, 394; 4, 312; 6, 255; 8, 378; 10, 484; Bibl. BW 1, 444; NWDB §§ 5, 17, 1114, 1478, 2386, 2519, 2762, 2953.

Karl Ludwig von Grävenitz: * 1688, † 3.11. 1733 Stuttgart (?) oder Heidenheim (?), □ 6.11. 1733 Berg, Kirche, 43 (wohl 44 oder 45), »morgens vor Tag allhier in Un(serer) Kirch Berg gestattet (= bestattet) worden« (Totenbuch Berg).

○ *Haldenwang*, Maria Regina, geb. Engel, Wittib; ∞ … Johann Balthasar Haldenwang, Mag. Pfarrer in Zell unter Aichelberg; * 1724 … † 11.8. 1792 Berg, 68, □ 14.8. Berg.

○ **Hauff**, Carl Albrecht, Mag. Pfarrer in Kornwestheim; ∞ … Rosina Catarina, geb. Sutor; * 1687/1688, † 19.2. 1774 Berg, 86, □ 21.2. Berg.

○ *Hauff*, Juliana Anastasia, Jungfer; To des Vorigen, * 1737, † 5.8. 1785 Berg, 48; □ 7.8. 1785 Berg.

○ *Herdte* (Herdin, Herting, Härdin), Rudolph, »gewesener Herrschafts Miller alhier«; ∞ … Anna Margaretha (s. u.), * 12. (?) 11. 1637 …, † 17.11. 1684 Berg, 47, 0, 3.

○ *Herdte*, Anna Margaretha, geb. …; ∞ … (s. o.), * 1645 …, † 30.5. 1697 Berg, 52, □ Berg.

○ *Hermann*, Peter, Bahnmüller; ∞ … Catrina, □ 12.10. 1607 Berg, »(an der) pest als Mein lieber Gevatter Mann«.

○ *Herman*, Johann (Hanß) Jacob, Bahnmüller; ∞ … Anna Elisabetha, □ 1.3. 1658 (nicht 1688) Berg.

○ *Hermann*, Ludwig, Inspector zu Berg, □ 12.11. (»23. Trin.«) 1662 Berg.

○ *Hermann*, Hans Jacob, Bahnmüller, * 16.11. 1649 …, † 28.10. 1683 Berg, 33, □ Berg.

○ *Herrmann*, Hanß, HinterMüller, »der erst an Georgii (23.4.) mit großen Unkosten hergezogen«, * 1660, † 25.10. 1708 Berg, 48, □ 30.10. Berg.

○ **Hettler**, Philipp Conrad (auch Philipp Heinrich), reisiger Schultheiß (Amtmann) in Berg, Holz- und Kupferverwalter 1700–1734; ∞ 1702 Berg Anna Rosina, geb. Spohn, To von Ernst Spohn, Vogt in Cannstatt und 1694 in Schorndorf, † im Dienst 5./6.1. 1702 Schorndorf, und Regine Rosine geb. Kallhardt, NWDB § 2772; * 8.10. 1672 …, † 27.12. 1734 Berg, 62, »langjähriger und treu meritierter Amtmann zu Berg unter volckreicher Ver-

sammlung Ehrlich zur Erden Bestattet worden S. alters 62 Jahr«; NWDB § 2299; FR Nägele H 1257. Das Ehepaar Hettler-Spohn setzte, datiert »23. May **1711**«, für drei in Berg jung verstorbene Kinder ein reich geschmücktes **barockes Epitaph** aus rotem Sandstein, 82 cm breit, 186 cm tief, das wohl seit 1852 in den Ehemaligen Bergfriedhof versetzt wurde. Es ist das **älteste erhaltene Grabmal** aus der Evangelischen Kirche Berg (oder aus dem Kirchhof Berg) (siehe Hettler, Ehem. Bergfriedhof).

Die Ziffern vor dem Namen bedeuten die Reihenfolge, in der die Kinder geboren wurden:

3. Hettler, Philipp Benjamin get. 13.3. 1706 Berg, † 10.8. 1707 Berg, 1, 4 Mon.;

5. Hettler, Carl (Carolus Philipp), * 3.7. 1709 Berg, get. 4.7., † 11.7. 1710 Berg, 1, □ 13.7.

6. Hettler, Philipp Benjamin, get. 25.9. 1710 Berg, † 2.11. 1710 Berg, 0, 1 Mon.

Weitere in Berg gestorbene Kinder, für die kein Grabmal erhalten wurde:

○ 8. Hettler, Philipp Ludwig, get. 20.9. 1713 Berg, † 10.10. 1713 Berg, 20 Tage.

○ 7. Hettler, Agnes Elisabetha, get. 15.11. 1711 Berg, † 7.12. 1716 Berg, 5.

○ 10. Hettler, Agnes Elisabetha, get. 7.2. 1717 Berg, † 27.12. 1718 Berg, 1, 10.

○ 11. Hettler, Carl Christian, get. 14.10. 1718 Berg, † 9.3. 1722 Berg, 3, 4.

○ 4. Hettler, Regina Rosina, * 17.11. 1707 Berg, get. 18.11., † 26.8. 1722, 14, 8.

Die übrigen Kinder (von 13) haben den Tod des Vaters wohl überlebt. Die Witwe zog vermutlich weg aus Berg:

1. Johann Ernst, get. 11.3. 1703 Berg.

2. Philippine Veronica, * 28.7., get. 29.7. 1704 Berg.

9. Christiane Dorothea, get. 24.1. 1715 Berg.

○ 12. Philipp Heinrich, get. 10.6. 1721 Berg.

13. Johann Christoph, get. 22.10. 1723 Berg.

○ *Hiller*, David, gewesener Bestand Müller in Backnang, † 1.2. 1785 Berg, »Ist David Hiller gew. Bestand Müller in Backnang in dem Bier Hauß zu Berg die Stieg hinunter im Rausch zu Tod gefallen und das Cadaver der Herzogl. Karls Academie übergeben worden.«.

○ *Hiller*, Ludwig Jacob, vormals evang. Pfarrer in Meimsheim (?); So von Philipp Friedrich Hiller, Pfarrer in Mühlhausen an der Enz, und Steinheim am Albuch (1699–1769), geistlicher Liederdichter, und Maria Regina, geb. Schickhardt; ⚭ ... Friedrike Eberhardine Wilhelmine, geb. Kern; *6.1. 1742 Mühlhausen an der Enz (?) OA Vaihingen (jetzt Mühlacker-Mühlhausen, Enzkreis), †18.10. 1818 Berg, ½8 Uhr, 76, □21.10. Berg, morgens 10–11 Uhr.

○ *Höfer,* Eva Catharina, geb. Wörz; To von Jacob Friedrich Wörz, Weingärtner und Bürgermeister in Wangen, und Eva Rosina, geb. Maier; ⚭1812 ... Georg Gottlieb Höfer, Zimmermann (*1787 Berg, †1832 Berg, □ Ehem. Bergfriedhof, s. d.). *29. 4. 1790 Wangen, OA Cannstatt (jetzt Stuttgart-Wangen), †22.9. 1825 Berg, 35, □24.9. nachmittags ½3 Uhr, eine der letzten Beerdigungen im Kirchhof Berg.

○ *Höffer,* David, Bürger, Rothgerber und Heiligen Pfleger allhie, *1637 ..., †26.4. 1681 Berg, 44.

○ *Huber,* Johannes, hinterer herrschaftlicher Müller; ⚭ ... Maria Agnes, geb. Mäule; *... 2. 1678 ..., □25.7. 1720 Berg, 42, 5.

○ *Ilg,* Hans Melchior, Beck, zugleich herrschaftlicher Müller in der hinteren Mühle; ⚭ ... Margarete, geb. Beck; *24.8. 1678 (errechnet) Wangen, OA Cannstatt (jetzt Stuttgart-Wangen), □2.9. 1719 Berg, 41, 0, 7.

○ *Jaus,* Joseph, B. und Taglöhner, Mühlbauer; ⚭I. 1773 ... (s. u.), *... 1731 ..., †29. (nicht 19.)8. 1784 Berg, □31. (nicht 21.)8. Berg.

○ *Jaus,* Anna Catharina, Wittib des Beisitzers und herrsch. Taglöhners Philipp Burckhardt, ⚭ (s. o.); *... 1. 1725 ..., †18.11. 1777 Berg, 52, 11, □19.11. Berg.

○ *Kapf,* Friederike Henriette, geb. von Mylius; To von Ernst Heinrich von Mylius, württ. Geheimrath und Kreis Gesandter (1716–1781), und Elisabeth Benedicta, geb. Böhm; ⚭1795 ... Immanuel Christoph Kapf, Amtmann und Holzfactor, *30.9. 1758 ...; So von Georg David Kapf, Expeditionsrath und Kirchenrats-Registrator, und Gottliebin Luise, geb. Gmelin; NWDB § 2299 (Kapf war nicht erst 1802, sondern wohl bei der Hochzeit 1795 Amtmann). *30.1. 1757 Stuttgart, †7.1. 1814 Berg, 56, □10.1. »ab« 3 Uhr.

○ *Klein,* Christian Ludwig von, 1693–1700 Amtmann zu Berg; NWDB § 2299; *... 1663 ...; □ 30.11. 1700 Berg,

37, »mit gehaltner Leichpredigt, den Gott mit Freuden erwecken wolle. Job (Hiob) 14,1: Der Mensch Vom Weibe gebohren lebt kurze Zeit.«.

○ *Klumpp* (Klump), Bernhard Jakob, Amtmann zu Berg; NWDB § 2299; *1686/1687 ..., □14.5. 1743 Berg, 56.

○ *Klumpp,* Sophia Christina; To des Vorigen, □26.6. 1742 (?) Berg.

○ *Knaus,* Johann Georg, B. in Gaisburg, Schuhmacher in Berg; So von Hans Jerg Knaus, Schultheiß und Schuhmacher in Berg; ⚭1729 ... (s. u.), *1700/1701 ..., □28.2. 1743 Berg, 42 (nicht 48).

○ *Knaus,* Rosina Philippina, geb. Majer; To von Jacob Balthas Majer, Münzschlosser in Berg; *9.12. 1702 (errechnet) Berg, †7.12. 1747 Berg, 44.

○ *Koch,* Johann Georg, vorderer herrschaftlicher Müller in Berg; *... 1665 ..., □11.12. 1729 Berg, 64.

○ *Koch,* Hans Georg, hinterer herrschaftlicher Müller in Berg; ⚭... Sophie; *... 1700 ..., □15.8. 1749 Berg, 49.

○ *Kodweiß,* Friedrich David, vormals Handelsmann in Obristfeld (Oberstenfeld OA Marbach, jetzt Lkr. Ludwigsburg), zuletzt Arbeiter in der Rothfärberey dahier; So von Johann Jacob Kodweiß, Handelsmann und Gerichtsverwandter in Obristfeld, und Fr. Sabine geb. Magirus; ⚭... Charlotte Magdalene, geb. Geiger; *5.4. 1773 Obristfeld (s.o.), †26.10. 1816 Berg, 2 Uhr, 43, 6, □28.10. mitt. 2–3 Uhr.

○ *König,* Maria Sara, geb. Haldenwang; To von Johann Jacob Haldenwang, Schullehrer und Chirurgus in Ofterdingen OA Rottenburg (jetzt Lkr. Tübingen), und Marie Sara, geb. Wieland; ⚭... Tobias König, Chirurg und Bürgermeister in Kohlberg, OA Nürtingen (jetzt Lkr. Esslingen), Witwe; *25.12. 1725 Ofterdingen, OA Rottenburg, †20.7. 1809 Berg, zwischen 3 und 4 Uhr, 83, 6; □23.7. nachm. 3 Uhr, Berg.

○ *Krafft,* Johann Ernst, siehe Crafft.

○ *Kramer,* Gottfried (Johann Gottfried), siehe Cramer.

○ *Kurrer,* Andreas Adam, Mag. Diacon zu Heidenheim, *... 1693 ..., □19.11. 1722 Berg, 29, »plötzlicher Schlag im Wirtshaus in Berg«.

○ *Kurz,* Johanna Elisabetha, geb. Reichert; To von Johann Friedrich Reichert, Rathsverwandter in Cannstatt, und Maria Elisabeth, geb. Friz; ⚭I. 1803 Johann Ludwig Nüssle (Nißle); ⚭II. 1806 Jakob Nestlin; ⚭III. 1807 Johann Andreas Kurz, herrsch. Müller, *6.6. 1782 Hausen an der Würm (?); So von Friedrich Kurz, B. und Schäfer in Hausen an der Würm, OA Leonberg (jetzt Weil der Stadt-Hausen, Lkr. Böblingen), *31.12. 1779 Berg, †23. (nicht 13.)2. 1810 Berg, □25.2. nachm. 2 Uhr, 30.

○ *Laib*, Augustinus, herrsch. Müller zu Berg; ∞... (s.u.), †11.8. 1744 Berg, □13.8. Berg.

○ *Laib*, Anna Margareta; ∞... (s.o.), †6.2. 1747 Berg.

○ *Laib*, Johann Georg (Hans Jerg), Vorderer herrsch. Müller; ∞1742 Berg Maria Rosina geb. Babel; sie ∞ II 1754 Berg Johannes Glück, herrsch. Müller; sie †5.8. 1755 Berg, 49; *10. 1720 ..., □6.5. 1754 Berg, 33, 6.

○ *Laib*, Joseph Friedrich, vorderer herrsch. Müller; ∞1750 Berg (s.u.), *5. 1718 ..., †3.3. 1752 Berg, als Wittwer, 33, 9 (23?).

○ *Laib*, Sophia, Johann Georg Kochs Wittib; ∞25.8. 1750 Berg (s.o.), *... 1714, □2.10. 1750 Berg, 36.

○ *Lenz*, Maria Anna, geb. Harrer; Wittwe, »cathol. Conf.«; To von Johann Harrer, Secklermeister in Stokkach, und Johanna, geb. Futscher; ∞1783 Stockach Johann Adam Lenz, »CammerRath in Ludwigsburg« bei der Königl. Tuchfabrik, aus Binscheid (?) Kr. Prüm (jetzt Üttfeld-Binscheid, Verbandsgemeinde Arzfeld, Lkr. Bitburg-Prüm, Rheinland-Pfalz); NWDB § 1993; *21.7. 1757 Stockach, AB Stockach (jetzt Lkr. Konstanz), †13.4. 1822 Berg, abends 10 Uhr, □16.4. 9 Uhr »mit Cathol. ritus«.

○ *Leyrer*, Philipp Friedrich, 1761–1790 Rath und Amtmann in Berg; NWDB § 2299; So von Philipp Eberhard Leyrer, Kastenpfleger in Stuttgart, und Sophia Schweikart; ∞1759 Berg (s.u.); To siehe Ruoff; *28.5. 1729 Stuttgart, †5.9. 1798 Berg, 70, □7.9. abends Berg.

○ *Leyrer*, Rosina Catharina, ... Dann, Wittib, geb. Hauff; To von Albrecht Hauff, Mag. Pfarrer in Kornwestheim, und Rosina Catarina, geb. Sutor; ∞I.; Dann; ∞II. 1759 Berg (s.o.), *25.12. 1726 ..., †23.4. 1793 Berg, 66, □25.4. abends 4 Uhr.

○ *Liebenau*, Christoph Peter, Zeugmacher, Schulmeister in Gaisburg; So von Joachim Liebenau, Gardereiter, und Katharina Magdalena, geb. ...; ∞I–V s.u.; FR Nägele L 539; get. 29.10. 1705 Stuttgart, lebte noch 1758, nicht in Stuttgart und Berg †, jedoch vielleicht in Gaisburg.

○ *Liebenau*, Maria Catharina Anna, geb. Duttenhofer; ∞1729 Gaisburg (s.o.) I. Frau; 5 Kinder 1729–1734 in Berg geboren; *1696, □10.7. 1735 Berg, 39.

○ *Liebenau*, Maria Catharina, geb. Carlin; To von Hans Jerg Carlin, Maurer in Winnenden; ∞1737 ... (s.o.) II. Frau; 1 Kind 1738 in Berg geboren; □29.1. 1743 Gaisburg.

○ *Liebenau*, Dorothea Magdalena, geb. Beerwarth; To von ... Beerwarth, Beutelspach; ∞1743 Gaisburg (s.o.) III. Frau; 2 Kinder 1744 und 1745 geboren; *9. 1723 wohl Beutelsbach, †29.1. (nicht 5.2.) 1747 ... 23, 4; □31.1. Gaisburg.

○ *Liebenau*, Maria Elisabetha, geb. Müller; To von Johann Georg Müller, Beck in Göppingen; ∞1747 ... IV. Frau (s.o.); *18.10. 1717 (errechnet) wohl Göppingen, †7.1. 1749 Gaisburg, 31, 2, 20; □9.1. Gaisburg.

○ *Liebenau*, Johanna Friederike, geb. Holland; ∞vor 1749 ... V. Frau (s.o.); 3 Kinder 1750–1754 in Gaisburg geboren; letztes Kind Agnes Euphrosyne get. 17.7. 1757 in Stuttgart; 1 To Christiane Helena Liebenau, ledig, †27.1. 1790 Gaisburg, 35; □29.9. Gaisburg; *... 1718 ...; †13.10. 1790 Gaisburg als »Wittib«, 72; □15.10. Gaisburg.

○ *Lizau* (Lützow) ... von, Leutnant; □8.3. 1715 Berg; »allhier bey nacht gestattet (= bestattet) worden«.

○ *Löchner*, Hans, Schulmeister; *1615, †25.11. 1670 Berg, 55 (nicht 35), □Berg.

○ **Lützelburg**, Ernst Friedrich von, 1658–1665 Page, 1678 Vize-Haushofmeister, 1679–1685 Burgvogt in Stuttgart, 1686–1722 Obervogt in Lauffen/N, NWDB §§ 42, 79, 196, 1686, 2519; So von Anton Friedrich von Lützelburg (Lütselburg); 1630–1633 und 1652–1655 Oberamtmann in Oberkirch, 1642–1643 Kämmerer, 1643–1647 Obristleutnant und Haushofmeister, 1647–1652 Hofmarschall, †21.8. 1662 Oberkirch; NWDB §§ 6, 1193, 1615, 2719; *1642 Stuttgart, †Stuttgart; □1.12. 1722 Berg, 80½, »mit H(och)fürstl. Concession in der Kirche zu Berg beigesetzt worden.«.

○ *Lützelburg* (Litzelburg), Barthold (Ernst B.) von, So des Vorigen; 1711–1716 Hofjunker, 1716–1733 Kammerjunker, 1734–1737 Oberkammerjunker, 1734 Obervogt in Besigheim und Güglingen (dort – 1744?), 1737–1745 Kammerherr; NWDB §§ 18, 32, 33, 2189, 2374; *1686 Stuttgart oder Lauffen/N (?), †15.11. 1745 Stuttgart,

59½, ☐ 18. 11. Berg, Kirche, »an einem Schlag gestorben. Und nahe an Seinem Seel. HE Vatter in der Kirche Beygestellt worden. Seines alters 59½.«.

○ **Mang,** Jakob, Wengertknecht in Untertürkheim; So von Leonhard Mang in Strümpfelbach; *... Strümpfelbach OA Waiblingen, (jetzt Weinstadt-Strümpfelbach, Rems-Murr-Kreis), †31. 3. 1600 Untertürkheim, ertrunken im Neckar, 13. 4. im Mühlgraben in Berg aufgefunden, Trauerfeier 14. 4. in Gaisburg, ☐ 14. 4. in Berg.

»1600 14. Aprilis. Jakob Mang, Leonhard Mangen Sohn von Strümpfelbach, des Georgen Heßen Wingert Knecht zu Untertürkheim, ist daselbsten, als er Morgens hora ihn Neckar Bausand aufzuladen gerathen den letzten Tag Martii (31. 3.) ertrunken, demnach als man ihn diese 14 gantzer Tage fleißig hin und her im Waßer gesucht und er erst gestrigen Abends Zwischen den beyden Herrschftl. Mühlen zu Berg gefunden worden, hat man ihn daselbst begraben, und ich die Leichpredigt allhier zu Geißburg gehalten ...

Nota. Dieser Mensch ob er wohl von Niemand muthwilliger oder arglistiger Weiße ins Waßer gestoßen, oder zum Tode gebracht hat es doch so bald man ihn aus dem Waßer gezogen (ohnangesehen auch, daß derjenigen Persohnen so zu gesehen ertrinken kain ainigen dabey gewesen). Von Stund an eine lebliche Farb wüder angefangen zu bekommen, auch drauf zur Nasen und Mund rechten natürlichen und gar Viel Schwais mit Männiglichs Verwunderung die es gesehen, oder auch hernacher gehört, hochs und niederen Stands Volbracht.«

Erster Eintrag im Todten-Buch des »Berger Tauff-, Ehe- und Todten-Buch Angefangen 1600 und geendigt 1712«.

○ *Mann,* Hans Jacob, Schulmeister 12 Jahre (nicht 13), *... 1615 ..., †8. 11. 1677 ..., 62 (nicht 52), ☐ 9. 11. Berg. »Die Leich Unkosten hat aus sonderbarem Mitleiden bezahlt Geheimer Rath und Cammermeister zu Stuttgart.«

○ *Mann,* Anna Maria, Schulmeisters Tochter allhie (s. o.); *... 1636 ..., †26. 7. 1671 ..., 35, ☐ Berg.

○ *Mayer,* Balthasar (Jacob B.), Goldschmied, Münzbedienter, Münzschlosser, Heiligenpfleger; ∞ ... (s. u.), *... 5. 1659 ..., ☐ 12. 3. 1730 Berg, 70, 10.

○ *Mayer,* Philippina Dorothea Sophia, ∞ ... (s. o.), *... 1671 ..., ☐ 8. 8. 1711 Berg, 40.

○ *Memminger,* Jacob Hieronymus, Beisitzer, Fuhrmann, Mühlbauer; So von Friderich Memminger, Großaspach, und Anna Maria, geb. Friz; ∞ 1798 Berg Jacobine Konradine, geb. Göbel, *13. 2. 1777 Berg; 1797–1817 14 Kinder in Berg geboren; *15. 2. 1770 Großaspach, OA Backnang (jetzt Aspach-Großaspach, Rems-Murr-Kreis), †2. 6. 1821 Berg, ☐ 4. 6. »ab« 3 Uhr.

○ *Moser,* Johannes, Pontificis Religionis, »gebürtig aus dem Bräußgau« (Breisgau). *... 1640 ... Breisgau, †13. 3. 1680 Berg, ☐ 14. 3. Berg.

○ *Müller,* Johann Gottlieb, Zimmermann und Seegmüller, herrsch. Werkmeister, Wasserbauer, Kirchen Konventrichter, *... um 1710, †1768; ∞ I–IV s. u.

○ *Müller,* Agnes Margaretha, geb. Frohmann; ∞ (er) I. ... (s. o.); 1 Kind (?) *1748 (s. u.), †wohl 10. 11. 1748 Berg, »gleich nach der Geburt von Zwillingen«, ☐ 12. (nicht 17.) 11. Berg.

○ *Müller,* Catharina, geb. Panthaleon; ∞ (er) II. 1749 ... (s. o.), *um 1. 7. 1714 ..., ☐ 10. 10. 1753 Berg, 39, 3, 7.

○ *Müller,* Catharina Barbara, geb. Knapp; To von Michael Knapp, Beck, Nürtingen; ∞ (er) III. 1754 ... war »Reg. Rath Andlers Magd«; *24. 11. 1721 Nürtingen, †31. 12. 1756 Berg, 35, 1, 8; ☐ 2. 1. 1757 Berg.

○ *Müller,* Susanna Margaretha, geb. Seel; To von Eberhard Seel, Werkmeister in Böblingen; ∞ (er) IV. 1757 ... (s. o.); 1759–1768 3 Kinder geboren, *... 1725 Böblingen, †30. 3. 1776 Berg, 51, ☐ 1. 4. Berg.

○ *Müller,* Friedrich Gottlieb, Zimmerwerkmeister in Berg; ∞ ... Marie geb. Scheible, †vor 1809; *1732/1733, †14. 1. 1809 Berg, 76, ☐ 16. 1. mitt. 2 Uhr Berg.

○ *Nestlin,* Jacob, Müller; So von Johann Nestlin, B. und Beck in Walddorf, OA Altensteig, und Catharina Stikelin; ∞ 3. 8. 1806 ... Johanna Elisabetha, geb. Reichert, *21. 12. 1779; To von Johann Friedrich Reichert, Rathsverwandter in Cannstatt, und Marie Elisabeth, geb. Friz; *28. 1. 1779 (wohl) Walddorf, OA Altensteig (jetzt Altensteig-Walddorf, Lkr. Calw), †25. 9. 1806 Berg, 27, 7; ☐ 27. 9. mittags 2 Uhr Berg.

○ **Nissle** (Nüssle, Nißle), Philipp Jacob, Müllerknecht, herrsch. Müller in Berg, B. in Stuttgart; So von Martin Nissle, Millerhandwerks Obermeister in Böblingen; ∞ I. 1750; II. 1756; III. wohl 1771 (s. u.); 1937 Mühlenstraße in Stuttgart-Berg (Ost) nach ihm (und dem Sohn) in

Nißlestraße umbenannt; *... 1719 (Böblingen?), †7.11. 1784 Berg, 65, □9.11. Berg.

○ *Nissle*, Anna, geb. Kies; To von Johann Kies, B. und Beck in Plieningen; ⚭1750 Plieningen (erste Frau) (s.o.); *22.7. 1725 Plieningen, AOA Stgt. (?) (jetzt Stuttgart-Plieningen), †23.7. 1755 Berg, 30, □25.7. Berg.

○ *Nissle*, Christina Barbara, geb. Weber; To von Jacob Weber, B. und Schuhmacher, Wegzoller in Stuttgart; ⚭1756 (zweite Frau) (s.o.) 7 Kinder 1757–1770 geboren; *... 1734 ... Stuttgart (?), †27.4. 1770 Berg, 36, □29.4. Berg.

○ *Nissle*, Christiane Rosine, geb. ...; ⚭wohl 1771 (?) (dritte Frau), 1772–1779 5 Kinder geboren, *um 1740, †nach 1784.

○ *Nissle* (Nißle), Johann Ludwig, herrsch. Müller; So des Vorigen mit Christiane Rosine, geb. ...; ⚭1797 (I.) und 1803 (s.u.); *3.6. 1775 Berg, †24.12. 1805 Berg, 30, 6; □26.12. nachm. (»Nißle«).

○ *Nissle*, Louisa Carolina, geb. Kaltschmid; To von Johannes Kaltschmid, Münzschlosser, und Christiana; ⚭1797 Berg (erste Frau) (s.o.); 1798–1802 3 Kinder geboren; *28.10. 1771 (Berg?), †30.11. 1802 Berg, 31, □2.12. nachm. Berg.

○ *Nissle*, Johanna Elisabetha, geb. Reichert; ⚭1803 Berg (zweite Frau) (s.o.); 1799–1805 3 Kinder geboren; sie ⚭II. 1806 Berg Jakob Nestlin (s.S. 22); *21.12. 1779.

○ *Nollinger*, Hanß Peter, Haumeister, *... Eitesheim (= Ötisheim), OA Maulbronn (jetzt Enzkreis), †4. 1647 Berg, □23.4. Berg. »1647 beerd. 23. Aprillis Hanß Peter Nollinger von Eitesheim aus dem Maulbronner Amt, Von einem losen Soldaten Uf dem Kießweg erschossen worden, ist Hau Meister zu Berg in der Vorderen Mühle gewesen, Beim Hanß Wolf«.

○ *Raff*, Johann Michael, herrsch. hinterer Müller; So von Christoph Raff, Müller (s.u.); ⚭Gablenberg 1761 Anna Barbara geb. Wirth, Johannes Glück herrsch. Müller Wittib; To von Johann Michael Wirth, B. und Schmid in Möglingen, OA Ludwigsburg; *... 1736 ..., †6.6. 1781 Berg, 45, □8.6. Berg.

○ *Raff*, Christoph, Bestandsmüller auf der Nähr Mühle (Maier, Bestänter = Pächter), B. in Degerloch und Mül-

ler in Berg (vor 1769?); ⚭ vor 1739 (s.u.); Vater des Vorigen; FR Nägele R 22; *um 1700, †vor 1769 ...

○ *Raff*, Maria Agnes, geb. Rieple; ⚭ (vor 1739) ... (s.o.); 1739–1743 4 Kinder in Stuttgart geboren; *... 1705/ 1706, †18.1. 1769 Berg, 63, als Wittib, □20.1.; »Johannes 5, 24«.

○ *Reiflen*, Andreas, Bahnmüller in Berg, □18.11. 1626 Berg.

○ *Rieger*, Hans Caspar, Zoller in Berg, genannt Kieswegszoller; ⚭... Margareta Clara (?); *... 1678 ..., □12.12. 1733 Berg, 55.

○ *Rösslen*, Hans, Bestandsmüller in Berg; ⚭I. vor 1657; II. 1658 (?) (s.u.).

○ *Rösslen*, Maria Magdalena, ⚭vor 1657 (s.o.) erste Frau; 1657 1 Kind geboren; □2.4. 1657 Berg.

○ *Rösslen*, Anna Maria, ⚭1658 (?) (s.o.) zweite Frau; 1659–1665 5 Kinder.

○ *Ruoff* (Rueff), Jacob Friedrich, Rath und Amtmann in Berg 1790–1802; So von Johann Reinhard Rueff (Ruoff), 1741–nach 1768 Hofglaser in Stuttgart; ⚭1787, 1794, 1796 (s.u.) NWDB § 2299; *20.12. 1756 Stuttgart, †15.1. 1802 Berg, 45; □17.1. Berg abends (»Ruoff«).

○ *Ruoff*, Beata Rosina Friderica, geb. Leyrer; To von Philipp Friedrich Leyrer, Rath und Amtmann in Berg 1761–1790 (NWDB § 2299) und Rosina Catharina verw. Dann, geb. Hauff (s. bei Leyrer); ⚭1787 (erste Frau) (s.o.), *1.8. 1760 ..., †23.4. 1793 Berg, 32, □25.4. abends 4 Uhr Berg.

○ *Ruoff*, Friderica Christiana, geb. Rheinwald; To von Christian Jacob Rheinwald, Commerzienrat in Urach, und Maria Elisabeth geb. Zech; ⚭1794 (zweite Frau) (s.o.); *6.4. 1757 Urach (?), †27. (nicht 28.)8. 1795 Berg, 38, □30.8. Berg.

○ *Ruoff*, Johanna Dorothea, geb. Zech; To von Johann Christoph Zech, Rath und Stabskeller in Liebenstein; ⚭1796 (dritte Frau) (s.S. 49); 3 Kinder 1797–1801 geboren; *16.12. 1765 ...

○ *Sadori* (?), Johann, □7.8. 1690 Berg, »Ein Calvinischer Mensch, so sich bey dem Schäfer zu Cantstatt aufgehalten. Nahmens Johann Sadori (?)«.

○ *Sauter*, Matthäus, Herrsch. Müller in Berg; So von Josef Sauter, B. und Bauer in Gemmingen, und Anna Elisabeth; ⚭1785 ... Christina Barbara geb. Nissle, *14.4. 1765; To von Philipp Jacob Nissle, Müller, und Christina

Barbara, geb. Weber (s. o.); *20.3. 1748 Gemmingen, AB Eppingen (jetzt Lkr. Heilbronn), †1.7. 1794 Berg, 46, □3.7. nachts.

○ *Sayn-Wittgenstein-Hohenstein* (im Totenbuch Wittgenstein), Carl Ludwig Graf von; So von Karl Theodor Wilhelm Ludwig Ferdinand Graf zu Sayn-Wittgenstein-Hohenstein, Herzoglich Württembergischer Kammerherr, und Maria Apollonia, geb. von Löwenfisch; *20.7. 1781 Stuttgart, †9.8. 1785 Berg, 11 Uhr, 4, □11.8. 10 Uhr Kirchhof Berg.
Obelisk aus grauem Sandstein, **1786,** Denkmal um 1852 in den (Ehemaligen) Bergfriedhof versetzt, Inschrift usw. s. d.

○ *Schäff*, Johann Georg (Hans Jerg), Bahnmüller in Berg; ∞(I.) . . . s. u. (II.) um 1743 Sophie Magdalene; Kinder 1744–1750 geboren.

○ *Schäff*, Maria Dorothea; ∞. . . (erste Frau), □4.4. 1743 (nicht 1742) Berg, 34.

○ **Schauber**, Friedrich Ludwig, ledig; So von Johann Ludwig Schauber, Compagnie-Buchhalter in Calw, *20.10. 1737 . . ., †26.8. 1781 Calw; und seiner zweiten Frau (∞Liebenzell 16.1. 1776) Regine Christiane Friederike, geb. Zimmermann; *16.12. 1758 . . ., †19.11. 1776 Calw, 17; *28.10. 1776 Calw, †15.8. 1793 Cannstatt, abends 4 Uhr, 16, □17.8. 1793 Kirchhof Berg, »abends 4 Uhr«, »N. N. Schaubers in der Calwer Compagnie Hinterl. ehelicher lediger Sohn, der mit anderen im Neckar (Markung Cannstatt) badete und daselbst ertrunken« (Totenbuch Berg: danach gestorben am 15.8.; tot aufgefunden 17.8.). **Großes Denkmal mit hohem Sockel und darauf kannelierte Säule** auf Sockelplatte, Sockel 80×80 cm, auf 3 Seiten mit je 2 Tränenkrügen, Gesamthöhe mit Säule 170 cm; **1794**; Denkmal aus dem Kirchhof wohl um 1852 in den (Ehemaligen) Bergfriedhof versetzt (s. d. Inschrift usw.).

○ *Scheef*, Wilhelm Ludwig, fremd; B. und Beckermeister in Untertürkheim, wohnhaft in Berg, als Spinner in der Fabrik; So von Wilhelm Friedrich Schäf, B. und Metzger in Untertürkheim, †30.12. 1798, und Maria Dorothea, geb. Rienhardt, von Mühlhausen a. Neckar; ∞I. . . ., Christiane Barbara, geb. Vollmer, †20.2. 1809; ∞II. . . . Susanne, geb. Müller; *18.11. 1771 Untertürkheim, †6.5. 1824 Berg, mittags 1 Uhr, □9.5. Berg, mittags 2 Uhr.

○ *Scheible*, Johann David, herrsch. Tuchwalker und Heiligenpfleger; ∞ (I–IV) 1725, 1736, 1738, 1755 (s. u.); *. . . 1698 . . ., †12.1. 1756 Berg, 57, □14.1. 1 Uhr Berg.

○ *Scheible*, Maria Jacobina, Johann Michael Duttenhofer Walkers Wittib; ∞1725 . . . (erste Frau) (s. o.); □14.2 1736 Berg.

○ *Scheible*, Anna Catharine, geb. Metz; ∞1736 (nicht 1756) . . . (zweite Frau) (s. o.); *23.5. 1698 (errechnet . . ., □8.9. 1737 Berg, 39.

○ *Scheible*, Maria Margarethe, verw. Müller, aus Markgröningen; ∞1738 . . . (dritte Frau) (s. o.); *. . . 10. 1700 . . . □23.11. 1753 Berg, 53, 1.

○ *Scheible*, Agnes Margarete Elisabeth, geb. Osiander, Matthäus Eberweins, herrsch. Zollers Wittib; To vor Christoph Caspar Osiander, Mag. Pfarrer in Degerschlacht, OA Tübingen; ∞1755 . . . (vierte Frau) (s. o.)

○ *Schereckel* (Scherhegel) v. (auf) Hartenfels, Sophia Eleonora, 1706 und noch 1717 Hofmeisterin und Kammerfräulein der Herzogin-Witwe Elisabeth zu Weiltingen, »zuletzt aber gewesene Hofmeisterin«. *. . . 1660 . . ., †12. 1723 . . ., 63, □30.12. 1723 Berg, in der Kirche »auf Hochfürstl. Gnädigste Verordnung die Hochwohl-Gebohrenes Fräulein . . . in der Kirch allhier beigestellt worden, Ihres Alters 63 Jahr«.

○ *Schmid*, Christianus, Miller, Taglöhner; ∞. . . Anna Barbara, geb. Schumacher; To des Hans Jerg Schumacher B. und Kiesweg-Zoller in Berg; *1678 . . ., □21.11. 1718 Berg, 40.

○ *Schuhmacher*, Hans Jerg, gewesener Beck, Kiesweg-Zoller; ∞1672 I. . . . Catharina, Jakob Gessler (Geßler), †vor 1672 (nicht um 1694) Zollers Wittib; ∞1678 II. . . . Maria Agnes, geb. Haag, To von Johann Haag, Fahnenschmid in Hemmingen, OA Leonberg; †18.5. 1690 Berg, □20.5. Berg.

○ *Schultheiss*, Johann Caspar, herrsch. Müller, *. . . 1724/ 1725 . . ., †11.3. 1784 Berg, 59, □14.3. Berg.

○ *Schwilk*, Hans, Müller zu Berg; ∞. . . (s. u.).

○ *Schwilk*, Anna Maria, ∞. . . (s. o.); 6 Kinder 1634–1641 geboren; *. . . 1606/1607 . . ., †10.2. 1671 Berg, 64, □Berg.

○ *Sigle*, . . ., Bahnmüllers Vater; *. . . 1670 . . ., □26.8. 1742 Berg, 72 (nicht 52) »Des Bahnmüllers Vatter begraben worden, alt 72 J.« So: Caspar Sigle, herrsch. Müller,

Bahnmüller, Ochsenwirt in Berg; ∞... Ursula Catharina; 6 Kinder 1730–1737 geboren.

○ *Spengler*, Johann Wendel, Bahnmüller, Gewürtzmüller; ∞I. 1682, II. 1718 (s. u.), *... 1656 Niederramstadt (jetzt Lkr. Darmstadt), □5. 12. 1719 Berg, 63.

○ *Spengler*, Barbara, geb. Gehr; ∞1682 ... (s. o.); 4 Kinder; *... 1660 ..., †9. 12. 1691 Berg, 31, □11. 12. Berg.

○ *Spengler*, Barbara, Ulrich Greiners, B. in Walckersbach, Wittib; ∞II. 1718 ... (s. o.).

○ *Spengler*, Lorenz, ehem. Gewürzmüller; ∞I. ... Susanna; 2 Kinder 1716; ∞II. 1716 ... Anna Rosina; 8 Kinder 1717–1729 geboren; □26. 1. 1733 Berg.

○ *Stadelmajer*, Johann Michael, Kießwegzoller 1768/1769; ∞... Margarete ... NWDB § 2300; *... 1728 ..., †13. 11. 1769 Berg, 41; □15. 11. Berg.

○ *Stauch*, Jakob Friedrich, Ipsmüller (Gipsmüller); So von Johann Jakob Stauch, Spitalmüller in Stuttgart, und Maria Elisabeth; ∞I. 1746 ... II. 1761 ... s. u., *11. 10. 1719 ..., †20. 1. 1785 Berg, 65, 2, □22. 1. Berg.

○ *Stauch*, Maria Margaretha, geb. Göbel; To von Martin Göbel, B. und Beck in Berg; ∞1746 ... (erste Frau), *1727/1728 ..., †7. 2. 1761 (nicht 1760) Berg, 33, □9. 2. Berg.

○ *Stauch*, Maria Katharina, geb. Raff; To von Christoph Raff, Müller in der Nähermühle in Stuttgart, und Maria Agnes, geb. Riegler; ∞1761 (zweite Frau), *16. 3. 1740 ..., †29. 5. 1814 Berg, abends 7–8 Uhr, 74, 2, □1. 6. um 3 Uhr Berg.

○ *Strähle*, Hans Georg, Mühlbauer; ∞...

○ *Strähle*, Anna Sabina, †14. 2. 1783 Berg, □16. 2. Berg.

○ *Striffler*, Johann Jacob Friedrich, Holzinspektor und Acciser; So von Jacob Striffler, Holzmesser, und Sophia Barbara, geb. Kohler; 3. uxor Anna Maria Heßin von Onstmettingen, OA Balingen (jetzt Albstadt-Onstmettingen, Zollernalbkreis), *5. 12. 1729 (errechnet) ..., †27. 1. 1811 Berg, »ab« 3–4 Uhr, 81, 1, □29. 1. nachm. 2 Uhr.

○ *Stüber*, Johann Daniel, Schulmeister; ∞... (s. u.), *... 2. 1699 ..., †11. 11. 1760 Berg, 61, 9; □13. 11. Berg.

○ *Stüber*, Maria Jacobine; ∞... (s. o.), *... 1695 ..., †24. 7. 1774 Berg, Witwe, 79, □25. 7. Berg.

○ *Teiffel*, Hans Martin, Müller in der hinteren herrsch. Mühle; ∞1709 Berg Anna Barbara, Johann Hermann

Müllers Wittib in der hinteren Mühle; 1710/1711 2 Kinder †, □ Berg.

○ *Unbekannte*, 3 Knaben im Neckar bei Berg (Markung Cannstatt) am 25. 5. 1632 ertrunken; □3. Junius 1632 Berg, »in Beyseyn einer großen Gemein« »1632 25. Majus. Seynd drey junge Knaben in dem Neckar bey Berg so gefrohnet haben ertrunken« (zweiter Eintrag im Totenbuch Berg).

○ *Wagner*, Johann Michael, Mühlbauer in Berg; So von Johannes Wagner, B. und Bauer in Weitmars, Gemeinde Waldhausen, OA Welzheim (jetzt zu Lorch, Ostalbkreis), und Barbara, geb. Müller; ∞1799 Lorch Anna Catharina, geb. Ott; To von Johannes Ott, B. in Ohmden, OA Kirchheim (jetzt Lkr. Esslingen), und Sabina, geb. Lieberich; *19. 8. 1768 Ohmden (?); †25. 12. 1851 Stuttgart, 83; *11. 3. 1764 Weitmars (?), †30. 12. 1811 Berg, ab 10 Uhr, 47, □1. 1. 1812 Berg.

○ *Weiss*, Georg Heinrich, Raißiger Schultheiß; ∞..., *1637/1638, □9. 1. 1669, Berg, 31 »3 Std nachher sein Kind Regina, ¼ Jahr« (alt, gestorben).

○ *Wenger*, Peter, Herrsch. Taglöhner, Calvinist; ∞... Magdalene; *... 1640 ..., □11. 2. 1706 Berg, 66; »der vor seinem Ende die Luthersche angenommen und darauf das Heil. Abendmahl empfangen«.

○ *Weyhermüller*, Andreas, Müllers Wasserbauer, Wasserwächter, ∞... (s. u.), □16. 5. 1736 Berg.

○ *Weyhermüller*, Marie Barbara (auch Anna Barbara); ∞... (s. o.), □27. 4. 1739 Berg.

○ *Winkler*, Johann Jacob, Schulmeister; So von Johannes Winkler, Schumacher in Owen, OA Kirchheim/Teck (jetzt Lkr. Esslingen); ∞1761 ... (s. u.), *1737 (Owen?), †15. 1. 1792 Berg, morgens 7 Uhr, 54, □17. 1. Berg.

○ *Winkler*, Dorothea Friedrike, geb. Stieber; To von Johann David Stieber, Schulmeister in Berg, und Maria Jacobina; ∞1761 ... (s. o.), *18. 8. 1738 (?) (Berg?), †29. 5. (nicht 6. 1.) 1783 Berg, 35 oder 45 (?), □1. 7. Berg.

○ *Winkler*, Ludwig Friedrich, Schulmeister, Bauer; So von Johann Jacob und Dorothea Friederike (s. o.); ∞1792 ... Marie Barbara, geb. Weigelin (1763–1832), ∞II. 1807 Johann Georg Kauffmann (s. Ehem. Bergfriedhof); *27. 7. 1766 Berg, †27. 12. 1805 Berg, 39, □29. 12. Berg.

○ *Wittgenstein*, Carl Ludwig Graf von, †9.8. 1785, siehe Sayn-Wittgenstein-Hohenstein.

○ *Zettler*, Johann Friedrich, Münz-Wächter, *... 1759 ..., †22.9. 1802 Berg, 43, □24.9. nachm. Berg.

○ *Ziegler*, Georg Jakob, Bierbrauer und Bierwirth, Gastwirt zum Waldhorn in Berg; So von Johann Jakob Ziegler, B. und Rößlinswirth in Mühlen am Mühlbach (Mühlbach (?), AB Eppingen) (jetzt Eppingen-Mühlbach, Lkr. Heilbronn); ∞ I. 1794 ... (s. u.); ∞ II. 1809 Illingen, OA Maulbronn (jetzt Enzkreis), Christine Elisabeth, geb. Habermaas; To von Johann Martin Habermaas, Cronenwirt in Illingen, und Christine geb. Seyffert; *31.5. 1774 Illingen, OA Maulbronn; *14.4. 1770 Mühlen (Mühlbach (?), AB Eppingen), †19.12. 1822 Berg, nachm. ½4 Uhr, 52, □22.12. 3 Uhr nachm. Berg.

○ *Ziegler*, Maria Barbara, geb. Kaufmann; To von Johann Wilhelm Kaufmann, Zeugmacher und Kaufmann in Aalen, und Regina Katharina, geb. Krauß; ∞1794 ... (s. o.); *8.3. 1759 Aalen (?), †14.3. 1809, 7 Uhr, Berg, 50, □16.3. nachm. 4 Uhr, Berg.

Angaben zu den Verstorbenen mit anderen Lebensdaten und Altersangaben wie bei Kolb stammen aus den Totenbüchern usw. der Ev. Kirchenpflege. Auf diese Angaben wird meist in Klammern hingewiesen z.B. bei Hans Löchner Schulmeister, Alter beim Tod: 55 (nicht 35).

Literatur

Berger Totenbücher und -register, siehe bei Beerdigungsregister, s. S. 14

Pfaff, Karl: Geschichte der Stadt Stuttgart, Stuttgart: 1845 und 1846, Band 1: Seiten 373–376, Band 2: Seiten 544–548

Amtsgrundbuch der Kirchen- und Schulpflege (vormaligen Armenkastenpflege) der Haupt- und Residenzstadt Stuttgart, Stuttgart: 1886, S. 108

Brösamlen, Ernst: Das schöne Stuttgart-Berg, Stuttgart 1939

Wais, Gustav: Alt-Stuttgart, Stuttgart: 1954, Seiten 257 bis 260

Wein, Gerhard: Die mittelalterlichen Burgen im Gebiet der Stadt Stuttgart, 2. Band (Veröffentlichungen des Archivs der Stadt Stuttgart, Band 21), Stuttgart: 1971, Seiten 190–209; Abb. 36–41

Neues Württembergisches Dienerbuch, 3 Bände, bearbeitet von Walther Pfeilsticker, Stuttgart: 1957, 1963, 1971

Das neue Leuze (Beilage des Amtsblatts der Stadt Stuttgart, Nr. 41 vom 13. Oktober 1983)

Kolb, Alfred: Familienregister Berg.

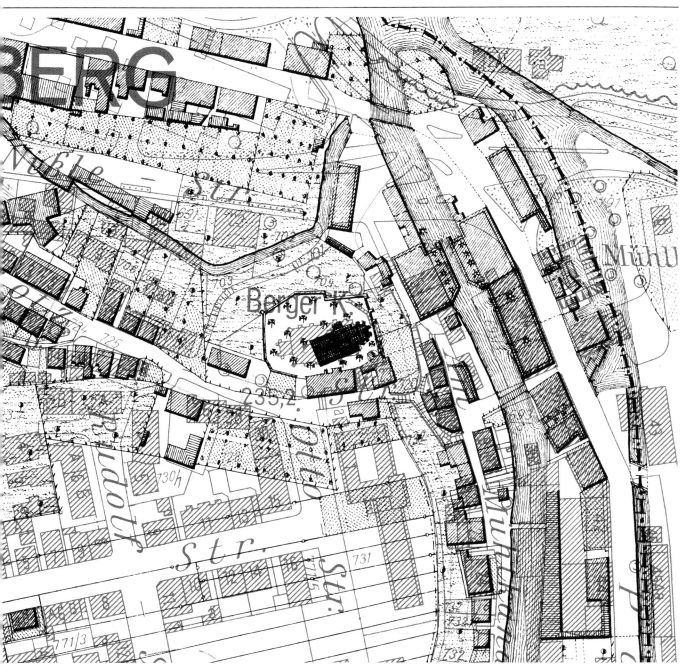

Bergkirchhof 1:1500 um 1826 und heutige Situation 1986 Graudruck

Kartengrundlage Stadtmessungsamt

Ehemaliger Bergfriedhof im Raitelsberg

7000 Stuttgart 1 (Ost), Karl-Schurz-Straße
Verwaltung: Landeshauptstadt Stuttgart – Gartenbauamt

Geschichte des Friedhofs

Frühere Namen

1825 und 1845 Neuer Kirchhof (am Fuß des Höllschen Bühls) (Helschenbühls), Flurname 1344 erstmals erwähnt, wahrscheinlich von Personennamen Hölle oder Helle (Helmut Dölker: Flurnamen der Stadt Stuttgart, Stuttgart: 1933, ²1982 Nr. 546), auch Neuer Friedhof im Raitelsberg, Röthelsberg
1836 Begräbnißplatz
1884 Alter Friedhof in Berg, Friedhof zu Berg
1929 Alter Friedhof in Berg, Alter Bergfriedhof
1951 Alter Bergfriedhof

Verwaltung

1825 Kgl. Kameralamt
1836 nach der Übergabe der Verwaltung des Kammerorts Berg an die Stadt Stuttgart, genannt »Vereinigung mit Stuttgart«, durch die Armenkastenpflege der Stadt Stuttgart
1885 Kirchen- und Schulpflege (davon 23 ar 44 qm im Besitz der Kirchen- und Schulpflege und 11 ar 56 qm im Besitz der Stadtgemeinde)
1891 (1. April) Friedhofverwaltung (als Teilrechnerin der Stadtpflege)
1913 (1. April) Stadt Stuttgart – Friedhofamt
1951 Stadt Stuttgart – Gartenbauamt (nun als Teil des Parks der Villa Berg)

Vorgänger

Kirchhof Berg um die heutige Evangelische Berger Kirche, Stuttgart-O, Klotzstraße 21. Siehe Kirchhof Berg, angelegt vor 1475, Beerdigungen 1825 eingestellt.

Nachfolger

Bergfriedhof, Stuttgart-O, Hackstraße 84, eröffnet 2. Januar 1885.

Anlage des Friedhofs

Der Kirchhof Berg um die heutige Evangelische Berger Kirche erwies sich bei »der wachsenden Bevölkerung« des Kammerorts Berg infolge der Ansiedlung von Gewerbe und Industrie »als zu beschränkt«; es wurde deshalb 1825 der Neue Friedhof im Raitelsberg (Röthelsberg) angelegt. Mit der Aufhebung des Kirchhofs Berg vor oder um 1852 wurden wohl die noch vorhandenen Grabmale in den Neuen Friedhof versetzt.
Für den Neuen Friedhof besaß das Kgl. Kameralamt bereits eine Fläche von

⅛ Mg.	10,0 Rth.	= 16,58 ar
1825 wurde dazu neu gekauft		
⅛ Mg.	1,0 Rth. 24 F.	= 15,86 ar
davon wurde wieder vertauscht		
⅛ Mg.	8,9 Rth.	= 4,67 ar
Restliche Gesamtfläche		
⅞ Mg.	2,34 Rth.	= 27,77 ar

Auf diesem Grundstück (nach dem Güterbuch Teil 38 Blatt 19 Parz. 760 mit 24 ar 92 qm Größe) wurde 1825 der Neue Friedhof angelegt.

Erweiterungen und Veränderungen

1845 wurden an »Seine Kgl. Hoheit den Kronprinzen Karl von Württemberg zur Wegerbreiterung« 4,2 Rth. = 0,35 ar um 21 fl 53 kr verkauft. Vermutlich handelte es sich dabei

Ehemaliger Bergfriedhof von Osten

um ein Randstück des Friedhofs gegen die heutige Karl-Schurz-Straße.

Nach der Belegung des bisherigen Friedhofs wurden von der Stadtpflege 1856 für die notwendige Vergrößerung östlich des Friedhofs weitere Äcker mit einer Fläche von ⅜ Mg. 3,5 Rth. für 625 fl als Parzelle 759 erkauft. Davon wurden im Rechnungsjahr 1861/62 zur Anlage des nördlichen »neuen Fußwegs« zwischen Neue Straße (jetzt Karl-Schurz-Straße) und Mühlrain 6,6 Rth. = 0,54 ar unentgeltlich abgegeben. Auf der Restfläche von ⅔ Mg. 44,9 Rth. = 11,56 ar wurde der Friedhof *1862* bis zum Mühlrain *erweitert.*

Aus »sanitätspolizeilichen Gründen« (oder nach einer anderen Darstellung »medizinalpolizeilichen«) wurde auf den Antrag der Bauabteilung des Gemeinderats vom 25. November 1884 vom Gemeinderat am *27. November 1884* die *Schließung* des Friedhofs *angeordnet;* in bestehenden Gräbern durfte jedoch noch beerdigt werden. Am 2. Januar

1885 wurde der (Neue) Bergfriedhof als Rechtsnachfolger eröffnet.

Im Alten Bergfriedhof wurde noch bis zum März 1901 beigesetzt. Zuletzt wurde am 6.10. 1941 die Urne von Hugo Leuze beigesetzt. 1901 wurde er offiziell geschlossen. Mehrfach wurden Verstorbene aus dem Alten in den (Neuen) Bergfriedhof umgebettet, z. B. der Mitbegründer des Mineralbads Berg, Friedrich Neuner (1817–1883), im Jahr 1885. Ab 1910 wurde der Alte Bergfriedhof allgemein zugänglich gemacht.

1951 wurde er dann vom Friedhofamt an das Gartenamt (heute Gartenbauamt) übergeben, das ihn 1952 umgestaltete und an den Park der Villa Berg angliederte. Alle noch vorhandenen (nicht zerstörten) Grabmale wurden zunächst erhalten. Bedauerlicherweise mußten bei der Anlage eines Kinderspielplatzes für den Evangelischen Kindergarten der Kirchengemeinde Berg auf Grund eines Beschlusses des Bezirksbeirats Stuttgart-Ost vom 8. Dezember 1976 zahlreiche für die Geschichte des Kammerorts und Stadtteils Berg wichtige Grabsteine im Frühjahr 1977 entfernt oder vom Begräbnisplatz wegversetzt werden.

Gärtnerische Anlage (R. Lachenmaier)

Wie auch andernorts in dieser Zeit üblich, ist der dem »Kirchhof« folgende »Friedhof« am Rande der Siedlung auf der Grundform des Körpergrabes als vorzugsweise rechteckige Fläche angelegt worden. Auch beim 1825 geschaffenen Begräbnisplatz im Raitelsberg war das so. Erschlossen wurde er ebenfalls – wie in der Regel andere Anlagen dieser Zeit – durch einen längeren Hauptweg und einen entsprechenden Querweg, was zu einer kreuzartigen Grundgliederung führte, die entsprechend an die übergeordneten Wegeverbindungen angeschlossen worden ist.

Die Anordnung der Gräber – reihenartig –, angelehnt an die frühere Ostung, ist in Ost-West-Richtung (Kopf–Fuß) erfolgt. Es ist nicht überliefert, wie der umfriedete Raum geschaffen wurde. Sicherlich war es ein einfacher Holzzaun. Der heutige Baumbestand – mittels Ahorn, Linden, Platanen u. a., bis nach dem Zweiten Weltkrieg mit Pappeln und Trauerweiden durchsetzt – läßt darauf schließen, daß die Einfriedung durch entsprechende Umpflanzung mit Laubgehölzen ursprünglich den Friedhof umrahmte.

Grabmale aus der Zeit vor 1885 sind so gut wie nicht mehr vorhanden.

Bei der vollständigen Einbeziehung des Alten Friedhofs Berg in den Park der Villa Berg, sind bis auf einige wenige Grabmale die ohnehin zerstörten Grabmalreste nahezu alle abgeräumt worden (1952 und 1977).

Hochbauten

Wärterhäuschen, wohl nach 1825 erbaut, »1,5 Ruthen« = 12 qm groß. Wohl erst nach Aufgabe des Friedhofs entfernt (1914 noch in den städtischen Plänen eingezeichnet).

Tore und Einfriedigung

Der Friedhof war durch einen Zaun gegen die einstige Neue Straße (jetzt Karl-Schurz-Straße), den nordöstlich entlangführenden Fußweg, den Mühlrain und den Park der Villa Berg abgegrenzt. Der Zaun gegen den Mühlrain und die Villa Berg wurde 1952 entfernt. Ein Tor war von Anfang an bei der Neuen Straße, später außerdem zur einstigen Querstraße (jetzt Rudolfstraße). Bei der Anlage des Fußwegs entlang dem Mühlrain um 1920 wurden 2 weitere Tore für diesen Weg errichtet.

Benachbarte Bauten und Anlagen

Heinrichstraße 3 (Diese Straße hieß zunächst »Auf dem Raitelenberg« und »Am Raitelsberg«, sie wurde 1898 in Heinrichstraße umbenannt. Diese Straßenbezeichnung wurde um 1974 aufgehoben.): Das Haus, 1857 von Kunstmüller Wilhelm Kettner als »Landhaus auf dem Kirchenrain« erbaut, 1873 und 1882 durch Stockaufbauten vergrößert, in ihm war 1872 die Cigarrenfabrik Gustav Kreglinger eingerichtet worden. Es wurde aber teilweise als Wohnhaus verwendet. Die Fabrik wurde 1923 aufgegeben. 1934 richtete das Wohnungs- und Siedlungsamt der Stadt Wohnungen und Herbergsunterkünfte ein. 1938 wurde es abgebrochen.

Ottostraße 1 (Die Straße wurde 1898 benannt. Die früher erbauten Häuser zählten zum »Mühlrain«): Wohl 1889 (nicht 1829) als »Villa« von Kaufmann Gustav Kreglinger erbaut und längere Zeit im Besitz der Familie Kreglinger.

Die Stadt kaufte das Anwesen 1939 von Karl Dempel, MdR. 1940 wurde das Haus für das Altersheim Berg umgebaut. 1944 brannte es bei einem Fliegerangriff aus. Der heutige Bau wurde 1956/57 als Parkheim Paulusstift von dem Verein vom Guten Hirten (jetzt Kath. Sozialdienst e. V. Stuttgart) als Frauenwohnheim errichtet, 1957 kam noch ein Saalanbau dazu.

Ottostraße 10 mit Rudolfstraße 17 und 25: *Parkheim Berg*, jetzt *Alten- und Pflegeheim Parkheim Berg*, erbaut 1926 um 1180000 RM mit zunächst 84 Einzelzimmern von der Stadt durch die Architekten Max Müller, BDA, Hans Volkart, Dipl.-Ing., und P. Trüdinger, Dipl.-Ing. 1944 bis auf die Umfassungsmauern ausgebrannt. Wiederaufgebaut 1951/52 und 1979 erweitert; 3 stockiger großer Anbau 1926 erbaut und 1952/53 wiederaufgebaut. 3 stockiges Heim 1979 fertiggestellt.

Ottostraße 11: In einem großen Garten (in dem heute das Parkheim steht) 1865 als 3 stockiges »Landhaus« am Mühlrain erbaut. Um 1900 besaß das Anwesen Kommerzienrat Fritz Kreglinger. 1911 wurde es für den Privatier Hermann Rommel verändert und 1955 für das Parkheim Berg als Altenheim umgebaut.

Park der Villa Berg: Grenzt südlich und südwestlich an, ursprünglich 24 ha groß, jetzt 16 ha. Er wurde ab 1845 durch Kunst- und Hofgärtner Friedrich Neuner (1817–1883) mit vielen exotischen Bäumen angelegt für den Kronprinzen und späteren König Karl (1823–1891). Den Besitz erbte Herzogin Wera von Württemberg, geb. Großfürstin von Rußland (1854–1912), 1892 von Königin Olga. Die beiden Töchter Elsa und Olga verkauften die Villa Berg und den Park am 20. 9. 1913 an die Stadt Stuttgart.

Villa Berg 1 (bis 1915: Nr. 00): Auf dem »Höllschen Bühl« 1846–1853 für Kronprinz Karl von Christian Leins (1814–1892) erbaut und am 29. Oktober 1853 eingeweiht. Vom Städt. Hochbauamt 1924/25 für die Städtische Gemäldesammlung (jetzt Galerie der Stadt Stuttgart) und für Repräsentationsräume erneuert. Der Anbau der Orangerie 1846 von Leins erbaut. Das Gebäude brannte 1944 bis auf die Umfassungswände aus. Wiederaufbau der Villa Berg 1950–1951 für den Süddeutschen Rundfunk.

Villa Berg 2 (bis 1915: Nr. 00): Als »Kleine Villa« 1880 an die Orangerie angebaut, 1944 ausgebrannt, Reste 1955 abgebrochen. Neubauten für den Süddeutschen Rundfunk 1955–1959 erbaut und am 22. 7. 1959 bezugsfertig: Funkstudiogebäude, Sendesaal und Büro- und Funkstudioanbau.

Villa Berg 3: Palmenhaus mit Wohnung, 1944 ganz zerstört.

Villa Berg 4: Pförtnerhaus, 1944 ganz zerstört.

Karl-Schurz-Straße 26 (bis 1937 Neue Straße): 12 stockiges Schwesternwohnheim der Landesfrauenklinik, erbaut 1974–1977.

Karl-Schurz-Straße 28: Wohnhaus, erbaut 1846, zerstört 1944. Ab 1892–1912 Besitz der Herzogin Wera von Württemberg. Wohnung des Schloßgarteninspektors, des Schloßverwalters oder des Hausmeisters. Neubau 1966/67 durch die Stadt ursprünglich als Diabetikerspezialklinik für Professor Dr. med. Friedrich Wilhelm Stratmann, mit Wohnanbau.

Obere Straße 2: **Landeshebammenschule**, jetzt **Landesfrauenklinik**, 1926 bis November 1928 vom Land erbaut auf dem Gelände der ehemaligen Maschinen- und Kesselfabrik, Eisen- und Gelbgießerei G. (Gotthilf) **Kuhn** mit 1246 Beschäftigten im Jahre 1900, gegründet 1852, 1902 an die Maschinenfabrik Eßlingen verkauft, die sie um 1910 stillegte.

Karl-Schurz-Straße 39: Wohn- und Gemeindehaus (mit Kindergarten) der Ev. Gesamtkirchengemeinde Stuttgart, 1–4 stockig, 1975 erbaut.

Bestattungsbezirk

Kammerort Berg, ab 1836 Weiler, 1874 Vorstadt.

Gräber

Größe des Friedhofs

	Gesamtfläche			Fläche ohne angrenzende Wege			davon Besitz der Stadt Stuttgart
	Mg.	Rth. =	ar	Mg.	Rth. =	ar	ar
1825	6/8	34,4	26,50	6/8	16,4	25,27	–
1845	6/8	30,2	26,13	6/8	12,2	24,92	–
1862	9/8		37,68	8/8		36,48	11,56
1884			35,00			36,48	11,56
1891			35,00			36,48	36,48
1898			37,68			36,48	36,48
1914			37,68			36,48	36,48

Anzahl der Grabstätten (geschätzt)

1845 etwa 560 Erwachsenen- und 70 Kindergräber
   = etwa 630 Gräber
1862 etwa 750 Erwachsenen- und 90 Kindergräber
   = etwa 840 Gräber.

Bestattungen

Jahre	Erwachsene	Kinder	Totgeborene	Summe
1825–1830	55	64	9	128
1831–1840	91	168	12	271
1841–1850	91	176	22	289
1851–1860	120	156	18	294
1861–1870	146	227	23	396
1871–1880	209	457	32	698
1881–1884	58	101		159
1825–1884 Summe	770	1349	116	2235
1885–1901 etwa geschätzt	107	128		235
	877	1477	116	2470

1885–1901 konnte nur geschätzt werden, weil die Beerdigungen in den beiden Friedhöfen Ehem. Bergfriedhof und Bergfriedhof im »Todten-Register« nicht getrennt angegeben wurden.

Beerdigungsregister

»Todten-Register Berg vom 1. Jan. 1808–1853«
»Todten-Register Berg vom Januar 1854–1908«
Ev. Kirchenregisteramt Stuttgart

Älteste Grabmale und erste Beerdigungen

Reihe 17-6 Grab-Nr. 278 (jetzt 17-3–275)
Hettler, Philipp Benjamin, Sohn des Amtmanns Philipp Conrad H. und Anna Rosina geb. Spohn, *25.9.1709 Berg, †2.11.1710 Berg, 1.
Epitaph, jetzt **Liegeplatte**, aus rotem Sandstein von 1711, aus dem Kirchhof Berg um 1852 hierher versetzt.

Reihe 4-10 Grab-Nr. 61 (jetzt Reihe 9-4 Grab-Nr. 140)
Sayn-Wit(t)genstein-Hohenstein, Carl Ludwig Graf von *22.7.1781 (nicht in Berg), †9.8.1785 Berg, 4.

Obelisk aus grauem Sandstein, darauf Kreuzfuß, Kreuz abgebrochen, 1786, aus dem Kirchhof Berg um 1852 hierher versetzt.

Reihe 23-8/9 – Grab-Nr. 382/383, jetzt Reihe 19-3 – Grab-Nr. 309

Schauber, Friedrich Ludwig, So des Kompanie-Buchhalters in Calw Johann Ludwig Schauber (1737–1781), *28.10.1776 Calw, †15.8.1793 Cannstatt, 16, fand im Neckar badend den Tod. Hoher viereckiger Sockel aus grauem Sandstein, mit je 2 Tränenkrügen auf jeder Seite, darauf kannelierte Säule mit Blumengewinde, 1794, aus dem Kirchhof Berg um 1852 hierher versetzt.

○ *Zimmermann*, Philipp Michael, Mahlknecht, †5.12.1825 Berg, 30, □7.12. nachmittags 2–3 Uhr, **»der erste auf dem neuen Kirchhof«.**

○ *Reick*, Johann Georg, †8.12.1825 Berg, 1, □10.12. nachmittags 4 Uhr, zweite Beerdigung.

○ *Schuler*, Catharina Margaretha, geb. Wolff, †14.12.1825 Berg, 52, □16.12. nachmittags 2–3 Uhr, dritte Beerdigung.

○ *Holder*, Elisabetha Friederica, geb. Stauch, †16.12.1825 Berg, 59, □19.12. nachmittags 1–2 Uhr, vierte Beerdigung.

○ *Vötter*, Christina Friederike, geb. Cloß, verw. Schloßer, †21.12.1825 Berg, 61, fünfte Beerdigung.

○ *Thiel*, Johann Friedrich, Bortenmacher und Fabrikarbeiter, †29.12.1825 Berg, 70, □1.1. 1826, vormittags 10–11 Uhr, sechste Beerdigung.

Reihe 13-3 – Grab-Nr. 207

Hartter, Christiane (C. Barbara) geb. Maier, ∞1813 in Dagersheim Friedrich Hartter, *31.10.1787 Göppingen, †17.10.1835 Berg, 47. Liegeplatte roter Sandstein mit Einlage aus weißem Marmor, 1836, **ältestes noch erhaltenes Grabmal des Alten Bergfriedhofs.**

Reihe 3-11 – Grab-Nr. 45

Pflüger, Ottilie (O. Catharine Rosine), To von Johann Christof Pflüger, Seidenfärber, und Pauline, geb. Burger, *18.4.1847 Berg, †1.9.1847 Berg. Liegeplatte roter Sandstein, war das zweitälteste 1952 noch erhaltene Grabmal des Alten Bergfriedhofs.

Letzte Beisetzungen im Alten Bergfriedhof

Reihe 40-8 – Grab-Nr. 671

Leuze, Hugo (Eugen Otto H.), ledig, Musiker; So von Ludwig und Johanna Leuze, *7.8. 1856 Berg, †26.9. 1941 Stuttgart, 85, beigesetzt 6.10.1941, im Grab der Eltern (siehe S. 41)

Reihe 1-5/6 – Grab-Nr. 5/6

Höfer, Bertha (B. Catharina), geb. Baur, ∞1867 Adolf Höfer, Architekt, Gemeinderat, Privatmann (1841 bis 1921), *29.12. 1845 Berg, †17.9. 1932 Stuttgart, 86, feuerbestattet und hier am 20.9. 1932 beigesetzt.

Wanddenkmal aus grauem Sandstein mit Einlage aus weißem Marmor und seitlichen durchbrochenen Brüstungswangen aus grauem Sandstein, 1872.

1952 noch vorhandene Grabmale

Reihe 8-5 – Grab-Nr. 124, jetzt 8-3 – Grab-Nr. 122

Ammermüller, Christiana (Johanna C. Catharina Heinricke), geb. Gabriel, To von Conrad Friedrich Gabriel, Umgelder und Gutsbesitzer in Weilheim und Berg, und Christiane (Elisabethe Regine), geb. Weiß, ∞1815 in Berg Johann Friedrich Ammermüller, Amtsverweser (Schultheiß), So von Wilhelm Friedrich Ammermüller in Herrenberg und Magdalene, geb. Diez (geb. in Bühl OA Rottenburg, jetzt Tübingen-Bühl, †30.9. 1841 wo [?]). *27.5. 1796 Berg, †15.7. 1858 Berg, 62.

Nachklassizistisches quadratisches **Denkmal** aus rotem Sandstein mit 2 Tränenkrügen und Stern, aufgesetztem kleinem Kreuz in Metall (jetzt abgebrochen), teilweise verwittert und abgeblättert, errichtet 1859 »von ihrem Bruder (Friedrich Carl August) Gabriel«, Bauinspektoratsverweser in (Schwäbisch) Hall, *15.2. 1793 in Berg, †nach 1859. Heiratete Sophie Friederike Luise, geb. Leuze, *1815.

Inschrift: »... Gedenken der Liebe / der guten Schwester / (Chri)stiana Ammermüller / *27. Mai 1796 /...« RS.: »Ruhe sanft.«.

Reihe 28-4 – Grab-Nr. 463

○ *Barth*, Rosine (R. Christiane), geb. Veigel, To von Johann Thomas Veigel, Amtsdiener in Murr, OA Backnang

(jetzt Lkr. Ludwigsburg), und Friederike, geb. Heer, ∞in Murr 1870 Johann Georg Barth, B. in Essingen, Schlosser, *12.12. 1845 Essingen, OA Aalen (jetzt Ostalbkreis), †10.11. 1896 Ditzingen, OA Leonberg (jetzt Lkr. Ludwigsburg). *29.1. 1850 Stuttgart, †4.10. 1879 Berg, 29. Liegeplatte roter Sandstein, 1880.

Reihe 35-1 – Grab-Nr. 579

○ *Bosse*, Friederike von, geb. Fulda, To von Heinrich Dietrich Fulda, Münzdirektor in Hessen-Kassel, und Elisabeth, geb. ..., ∞... Philipp Georg von Bosse, Oberstleutnant in Braunschweig, †vor 1866. *19.3. 179(2?) ..., †26.7. 1866 Berg, 74. Architektonische Stele grauer Sandstein, 1867.

Reihe 37-8/9 – Grab-Nr. 620/621, jetzt 41-4 – Grab-Nr. 684

Burghard, Johannes, B. in Stuttgart, Kaufmann, So von Johann Michael Burghard, B. und Bauer in Langenbrand, OA Neuenbürg (jetzt Schömberg-Langenbrand, Lkr. Calw), und Catharine geb. Schauinger (?), ∞Pforzheim 1838 Amalie (A. Sofie), geb. Rupp (1819–1889). *10.8. 1804 Langenbrand, OA Neuenbürg, †30.1. 1881 Berg, 76.

Burghard, Adolf (A. Friedrich), So der Vorigen, ledig, (Br. von Ernst Robert Burghard, Kaufmann (1841 bis 1921), ∞1872 Pauline Charlotte geb. Neuner, To des Badinhabers), *17.9. 1845 Berg, †17.9. 1871 Berg, 26. Architektonische Stele roter Sandstein mit Einlage aus weißem Marmor, 1872.

Reihe 43-6/7 – Grab-Nr. 720/721

○ *Claus*, Gottlob (Christian G.), B. in Stuttgart, Glasermeister, So von Johannes Claus, Glasermeister in Lauffen a. N., OA Besigheim (jetzt Lkr. Heilbronn), und Rosine Dorothea, geb. Hesser; ∞1870 Berg Pauline, geb. Grözinger (1851–1925), *22.10. 1842 Lauffen a. N., OA Besigheim (jetzt Lkr. Heilbronn), †31.8. 1880 Stuttgart, 37. Architektonische Stele roter Sandstein mit Einlage aus weißem Marmor, 1881.

Reihe 37-3 – Grab-Nr. 615

○ **Courtin**, Albert (Julius Emil A.), B. in Eglosheim (jetzt Ludwigsburg-Eglosheim), Kgl. Hofgärtner, So von Carl Joseph Courtin, Professor der Handelswissenschaft, Direktor der Deutschen Asphalt-Gesellschaft in Stuttgart, seit 1845 B. in Stuttgart (1788–vor 1865) und Wilhelmine Henriette, geb. Wapler; ⚭1861 Ludwigsburg Charlotte, geb. Riedt, *23.5.1822 Mannheim, †13.5.1871 Berg, 48. Liegeplatte roter Sandstein in Buchform, 1872.

Reihe 19-6/7 – Grab-Nr. 312/313

○ **Dauphin,** Agathon (Ludwig Wilhelm A.), B. in Rheinbischofsheim, Kaufmann in Weißenburg im Elsaß und in Stuttgart, ⚭II. 1836 in Heidelberg ... geb. Olinger, *16.12.1813 Mannheim, †19.9.1881 Stuttgart, 67, *10.2.1798 Weißenburg im Elsaß, †20.3.1868 Stuttgart, 70. Felsen aus Granit, 1869, Einfassung roter Sandstein, mit eisernem Gitter.

Zwischen 1950 und 1965 wurde ich mehrmals nach dem Grab einer französischen Familie im ehemaligen Bergfriedhof gefragt. Das Grab wurde als »Grab am Mittelweg« des Friedhofs auf der linken Seite dieses Weges bezeichnet. Es sei etwa in der Mitte des langgestreckten Friedhofs. In ihm sei vielleicht ein Angehöriger der **Familie Bonaparte** begraben worden.

Nach nochmaliger gründlicher Durchsicht der Totenbücher ist diese Vermutung auf das einstige Doppelgrab am Hauptweg (= Mittelweg) von Agathon (Ludwig Wilhelm A.) **Dauphin** zurückzuführen. Das Grab lag am Mittelweg. Dauphin ist 1798 im damals (wie heute) französischen Weißenburg im Elsaß geboren, hat aber nichts mit einem französischen »Kronprinzen« (=Dauphin) oder mit der Familie Bonaparte zu tun. Er war Kaufmann noch in seiner Geburtsstadt Weißenburg im Elsaß, heiratete erstmals etwa um 1830 in Karlsruhe. Er besaß oder erwarb damals das Bürgerrecht in Rheinbischofsheim in Baden. Nahebei starb 1834 seine erste Frau Caroline, geb. Hüttenschmid, in Neufreistätt bei Kehl. Die zweite Frau heiratete er 1836 in Heidelberg. Diese starb 1881 in Stuttgart. Ihr Name wurde auf dem Grabmal, einem Felsen aus Granit von 1869, nicht aufgeführt. Auf der Einfassung aus rotem Sandstein war das eiserne Gitter darauf 1952 noch erhalten.

Dauphin lebte bis zu seinem Tod am 20.3.1868 längere Zeit in Stuttgart und war als Kaufmann tätig. In den Totenbüchern findet sich kein Hinweis, der die oben erwähnte Vermutung einer Verwandtschaft mit Napoleon bestätigen könnte. Da Dauphin mindestens 38 Jahre in Deutschland gelebt hatte, wäre dies bekannt geworden,

obwohl die Eltern von ihm im Familienregister nicht aufgeführt wurden.

Reihe 14-1 – Grab-Nr. 222

○ *Dobler,* Christoph Gottlieb, B. in Cannstatt, Badmeister in Berg, So von Regine Barbara Dobler, geb. Kärcher, To des Weingärtners Elias Kärcher in Cannstatt; ⚭1840 Cannstatt Auguste Catharine Rosine, geb. Knorpp (1814–1889), *24.10.1803 Cannstatt (jetzt Stuttgart-Bad Cannstatt), †15.4.1870 Berg, 66. Kreuzdenkmal 1871 mit Postament roter Sandstein, Kreuz aus Gußeisen, war 1952 abgebrochen, 1967 war das Kreuz entfernt.

Reihe 31-9 – Grab-Nr. 519, jetzt 33-3 – Grab-Nr. 547

Engelhard(t), Karl (Carl Philipp Ludwig), Metzger, Privatier, So von Johann Friedrich Engelhardt, Metzger, in (Schwäbisch) Hall, und Marie Susanne, geb. Schwend; ⚭II. 1874 Katharine (K. Friederike Pauline) Sommer, geb. Rall, Witwe des Posthalters Sommer in Berg, To von Benedict Rall, Bauer, und Marie Agnes Rall; Wohnung Stuttgart, Rosenstraße 2, *27.4.1822 Hall (jetzt Schwäbisch Hall), †1.8.1882 Stuttgart, Wohnung, 60. Liegeplatte grauer Sandstein, 1883, Inschrift: »Aus Liebe«, »Ruhe sanft«.

Reihe 35-2/3 – Grab-Nr. 580/581

○ **Geißler,** Johann Georg, B. in Berg, Chirurg, Schultheiß, resigniert 1862; So von Johann Gottlieb Geißler, Kaminfeger in Nürtingen, und Elisabethe, geb. Kurz; ⚭Berg 1812 (s. u.), *10.1.1788 Nürtingen OA Nürtingen (jetzt Lkr. Esslingen), †22.8.1867 Stuttgart-Berg, 79.

○ *Geißler,* Elisabeth Friederike, geb. Bach: To von Johann Jakob Bach, Chirurg, und Anna Ursula, geb. Brenkhardt; ⚭1812 (s. o.), 10 Kinder, darunter Karl Friedrich **Geißler,** Wundarzt, Schultheiß in Berg 1862 als Nachfolger seines Vaters, *31.8.1813 Berg, †25.9.1892 Stuttgart-Berg, 79; ⚭Cannstatt 1841 Wilhelmine (Pauline W.) geb. Friz, *29.6.1823 Cannstatt, †22.2.1906 Beutelsbach, OA Schorndorf (jetzt Weinstadt-Beutelsbach, Rems-Murr-Kreis), To von Wilhelm Friedrich Friz, Gutsbesitzer in Cannstatt, und Barbara, geb. (Fahrion?); 6 Kinder in Berg 1843–1850 geboren. *11.2.1792 ..., †28.6.1868 Stuttgart-Berg, 76. Architektonische Stele grauer Sandstein, 1869, war 1952 umgestürzt.

Reihe 26-7/8 – Grab-Nr. 432/433

⊃ *Geßwein*, Wilhelmine, *4.7. 1853 Berg, †27.1. 1854 Berg, 6 Monate alt,

⊃ *Geßwein*, Adolph Carl, *6.3. 1852 Berg, †8.6. 1854 Berg, 2,

⊃ *Geßwein*, Emil Carl, *7.1. 1855 Berg, †20.4. 1855 Berg, 3 Monate alt,
Geschwister, wohl Kinder von Wilhelm Jakob Geßwein, Zimmermeister in Berg, und Christiane Friederike, geb. Schweikhardt, (s.u.).
Liegeplatte roter Sandstein, 1855, Kindergrab.

Reihe 8-4 – Grab-Nr. 123

⊃ *Geßwein*, Christiane Friederike, geb. Schwei(c)khardt, To von Johann Jakob Schweikhardt, Bäckermeister in Cannstatt, und Maria Jakobine, geb. Sicher; ∞ Cannstatt 1845 Wilhelm Jakob Geßwein, B. in Stuttgart, Zimmermeister; So von Peter Geßwein, B. und Zimmeroberzunftmeister in Cannstatt, und Elisabethe Catharine, geb. Groz; *29.2. 1820 Cannstatt; er ∞ II. Bissingen, OA Ludwigsburg (jetzt Bietigheim-Bissingen, Lkr. Ludwigsburg) 1859 Wilhelmine Bertha, geb. Nißle, To von Immanuel Friedrich Nißle, B. in Stuttgart, Mühlebesitzer in Bissingen a. d. Enz, und Mina Catharine geb. Gärtner; *1.11. 1837 Berg; die Familie zieht 1863 nach Cannstatt; in beiden Ehen in Berg 1846–1863 11 Kinder; *14.6. 1828 Cannstatt (jetzt Stuttgart-Bad Cannstatt), †10.7. 1858 Berg, 30, Liegeplatte roter Sandstein, 1859.

Reihe 13-5 – Grab-Nr. 209 (jetzt 13-3 – Grab-Nr. 207)

Geyer, Carl August, Mag. Pfarrer im Ruhestand; So von Carl Adam Wilhelm Geyer, Pfarrer in Walddorf, OA Nagold, und Marie Auguste, geb. Schlichter; ∞ Neuhausen, OA Tuttlingen 1822 (s.u.), *26.10. 1794 Walddorf, OA Nagold (jetzt Altensteig-Walddorf, Lkr. Calw), †11.6. 1871 wohl in Stuttgart-Berg, 76.

○ *Geyer*, Johanne Gottliebin, geb. Dorner; To von Mag. Isaak Dorner, Pfarrer in Neuhausen, OA Tuttlingen, und Christiane Henriette, geb. Wucherer; ∞ Neuhausen, OA Tuttlingen, ∞ 1822 den Vor. *19.12. 1802 Neuhausen, OA Tuttlingen (jetzt Neuhausen ob Eck, Lkr. Tuttlingen), †20.9. 1870 Stuttgart-Berg, 67. Liegeplatte roter Sandstein mit Einlage aus weißem Marmor, 1872. In-

schrift: »Hier ruhen im Herrn / M. (Mag.) Carl Aug. Geyer / Pfarrer a. D. / *d. 26. Okt. 1794 / †d. 11. Juni 1871 / und seine Gattin Johanne Gottliebin geb. Dorner / *d. 19. Dez. 1800 †d. 20. Sept. 1870.«

Reihe 41-9 – Grab-Nr. 689

○ *Härter*, Jakob, früherer Schuhmacher aus Heilbronn; seine Witwe Demuth, geb. Klein. *9.11. 1809 Heilbronn a. Neckar, †24.10. 1876 Stuttgart-Berg, 66, in der Wohnung des Schwiegersohns. Liegeplatte grauer Sandstein, 1877.

Reihe 13-3 – Grab-Nr. 207

○ *Hartter*, Christiane (C. Barbara), geb. Maier, To von Gottlieb Maier, Strumpfweber in Göppingen, und ... geb. Endriß; ∞ Dagersheim, OA Böblingen (jetzt Böblingen-Dagersheim), 1813 Friedrich Hartter, s. u. *31.10. 1787 Göppingen, †17.10. 1834 Berg, 46.

○ *Hartter*, Friedrich (Michael F.), Beisitzer, Traiteur (Gastwirt), Aufseher in der Mechanischen Spinnerei Berg; So von Johann Michael Hartter, Schneider in Dagersheim, und Marie Catharine, geb. Kipper; ∞ I. 1813 die Vor., II. Berg 1835 Elisabeth Catharine geb. Kodweis (verwandt mit der Mutter des Dichters Friedrich Schiller); To von Friedrich David Kodweis, Handelsmann in Oberstenfeld, OA Marbach (jetzt Lkr. Ludwigsburg), und Charlotte Magdalene geb. Geiger; (*2.12. 1798 Oberstenfeld, OA Marbach, †15.5. 1862 Berg, 63), *29.10. 1787 Dagersheim, OA Böblingen (jetzt Böblingen-Dagersheim), †14.7. 1866 Berg, 78.

○ *Hartter*, Heinricke (Gottliebin H.); ledig; To von Friedrich und Christiane Hartter; *12.1. 1819 Berg, †27.10. 1880 Stuttgart-Berg, 61. Liegeplatte roter Sandstein, mit Einlage aus weißem Marmor, 1835.

Reihe 14-4/5 – Grab-Nr. 225/226

○ *Haug*, Elisabethe (Christine E.), geb. Grau, To von Johann Eberhard Grau, Müller in Ditzingen, und Christine Magdalene geb. Metzger; ∞ Ditzingen, OA Leonberg (jetzt Lkr. Ludwigsburg), 1810 Friedrich Haug (s.u.); Inschrift Vs. li. *2.2. 1789 Ditzingen OA Leonberg (jetzt Lkr. Ludwigsburg), †4.3. 1870 Berg, 81.

○ *Haug*, Friedrich, B. in Stuttgart, Bäckermeister; So von Peter Haug, Weber in Darmsheim, OA Böblingen, und

Catharine, geb. Schmid; ∞ Ditzingen, OA Leonberg 1810 Elisabethe geb. Grau (s. o.), *2. 1. 1783 Darmsheim, OA Böblingen (jetzt Böblingen-Darmsheim), †2. 5. 1867 Berg, 84.

○ *Haug*, Louise, geb. Schäfer; To von Sebastian Schäfer, Bauer in Höfingen, OA Leonberg, und Anna Maria, geb. Müller; ∞ Höfingen, OA Leonberg 1836 als erste Frau Johann Friedrich Haug, B. in Stuttgart, Bäcker, Privatier in Berg; So von Friedrich und Elisabethe Haug (s. o.), *15. 9. 1803 Berg, †21. 8. 1893 Stuttgart-Berg, 89; Inschrift Vs. re. *13. 12. 1817 Höfingen, OA Leonberg (jetzt Leonberg-Höfingen), †7. 9. 1855 Stuttgart, 37.

○ *Haug*, Louise (Marie Heinrike L.), geb. Schettler; To von Georg Schettler, Anlagen-Portier in Berg, und Marie Magdalene geb. Eisele; ∞ Stuttgart 1848 als zweite Frau Johann Friedrich Haug (s. o.). Inschrift: Vs. re. *6. 4. 1844 Stuttgart, †7. 7. 1879 Stuttgart-Berg, 35. Großes Kreuzdenkmal mit Postament aus rotem Sandstein und Kreuz aus Gußeisen, 1868, war 1952 abgebrochen, Denkmal über Eck gestellt.

Reihe 24-5 – Grab-Nr. 396

○ *Heim*, Walburga (auch Waldburga), geb. Schneider; To von Johann Michael Schneider, Schuhmacher in Zang, OA Heidenheim (jetzt Königsbronn-Zang, Lkr. Heidenheim), und Anna Catharina, geb. Hagerin; ∞ Berg 1842 Daniel Heim, Gärtner, Leinwandhändler, Privatier; So von Jakob Friedrich Heim, Weingärtner in Grunbach, OA Schorndorf, und Christiane Barbara, geb. Hottmann; *17. 9. 1809 Grunbach, OA Schorndorf (jetzt Remshalden-Grunbach, Rems-Murr-Kreis), †8. 8. 1896 Stuttgart, 86; *24. 9. 1818 Zang, OA Heidenheim (jetzt Königsbronn-Zang, Lkr. Heidenheim), †6. 4. 1867 Berg, 48. Liegeplatte roter Sandstein, 1868.

Reihe 21-2 – Grab-Nr. 342

○ *Heinzmann*, Ottmar, *1831, †1867, 36. Liegeplatte roter Sandstein.

Reihe 17-6 – Grab-Nr. 278; jetzt 17-3–275

Hettler, Philipp Benjamin, So, drittes Kind von Philipp Conrad **Hettler,** reisiger Schultheiß (Amtmann) in Berg, Holz- und Kupferverwalter, †25. 12. 1734 Berg, und Anna Rosina, geb. Spohn, To von Ernst Spohn, Vogt in Schorndorf, siehe Kirchhof Berg; *13. 3. 1706 Berg †10. 8. 1707 Berg, 1, 4 Monate.

Hettler, Carl (Carolus Philipp), fünftes Kind, *3. 7. 1709 Berg, †11. 7. 1710 Berg, 1.

Hettler, Philipp Benjamin, sechstes Kind, *25. (28.?) 9 1710 Berg, †2. 11. (3. 10.?) 1710 Berg, 1 Monat alt (oder 5 Tage).

Auf dem Grabmal werden nicht erwähnt die übrigen jung in Berg verstorbenen Kinder: Regina Rosina, viertes Kind, *17./18. 11. 1707 Berg, †26. 8. 1722 Berg, 14 Agnes Elisabetha, siebtes Kind, *15. 11. 1711 Berg †7. 12. 1716 Berg, 5; Philipp Ludwig, achtes Kind, *20. 9 1713 Berg, †10. 10. 1713 Berg, 20 Tage alt; Agnes Elisabeth, zehntes Kind, *7. 2. 1717 Berg, †27. 12. 1718 Berg, 1 Jahr, 10 Monate alt; Carl Christian, elftes Kind *17. 10. 1718 Berg, †9. 3. 1722 Berg, 3.

Die weiteren 5 Kinder werden im Totenbuch Berg nicht erwähnt, sie haben wohl das Kindesalter überlebt: 1. Johann Ernst, *11. 3. 1703; 2. Philippine Veronica, *28. 29. 7. 1704 Berg; 9. Christiana Dorothea, *(24. 1. 1715?) Berg; 12. Philipp Heinrich, *10. 6. 1721 Berg und 13. Johann Christoph, *22. 10. 1723 Berg.

Barockes Epitaph, reich geschmückt, aus rotem Sandstein, jetzt als Liegeplatte gelegt, 82 cm breit, 186 cm tief, datiert »**23. May 1711«, ältestes erhaltenes Grabmal** aus der Evangelischen Kirche Berg oder aus dem Kirchhof Berg.

Umschrift: (nur teilweise lesbar) in Majuskeln: oben: »... er nach des Fleisches ...« rechts: »... shre Iso lieibilich ihr o...«, unten und links nicht lesbar.

Inschrift: vertieft, in Majuskeln (Die nicht aufgeführten Zeilen sind nicht zu lesen):
Zeile 8: »Philipp Beniamin gebohrn zu Berg
   9: den 13. März 1706
  10: gestorben allda den 10. August 1707
  17: Carl Philipp geboren zu Berg
  18: den 3. Juli 1709
  19: allda gestorben 11. Juli 1710
  20: wohlan ich folge gern und lege
  21: dise Hille das Bild der Sterblichkeit
  22: mit Freuden wielig ab. Mich hat
  23: mehr der Stein sehr des Todes Gewal-(?)
  24: bt sie rihen bis endlich den Sieg

Wanddenkmal für die Familie des Gemeinderats, Bauunternehmers und Ziegeleibesitzers Adolf Höfer (1841–1921)

25: erhalten in den Grab (?)

26: Philipp Benjamin gebohren zu Berg

27: den 28. Septe. 1710

28: gestorben den 3. Oktober 1710

29: Ich hab als ich kaum erblickte

30: diese Welt (mich?) ... geschicket

31: meinen Brüdern – so vor mir

32: abgeschieden nachzugehen,

33: in der sie die Wildnis hier (?)

34: beklagen, den Verlust ihrer

35: lieben Söhnlein

36: Philipp Con-   rad Hettler

37: vieljähriger   Amtmann zu

38: Berg und des-   sen Hausfrau

39: Anna Ro-   sina ge-

40: bohrne   Spohnin

41: den 23.   May 1711

NWDB §§ 1942, 2633; siehe Kirchhof Berg.

Reihe 30-10/11 – Grab-Nr. 503/504

○ *Hiller,* Konrad Ludwig, B. hier, Portier, Hofbedienter; So von Konrad Hiller, Schulmeister in Neckarhausen, OA Nürtingen, und Eva Barbara geb. Bauknecht;

∞ Berg 1841 (s. u.), * 4. 2. 1809 Neckarhausen, OA Nürtingen (jetzt Nürtingen-Neckarhausen, Lkr. Esslingen), † 8. 8. 1883 Stuttgart-Berg, 74.

Hiller, Katharine (Eva Regine Catharine), geb. Köber; To von Georg Friedrich Köber, Fuhrmann in Berg, und Sibylle, geb. Berner; ∞ Berg 1841 (s. o.), * 30. 9. 1811 Berg, † 14. 10. 1883 Stuttgart-Berg, 72. Eltern von Immanuel (I. Valentin) von **Hiller,** 1893 Oberst, 1896 Generalmajor, 1899 als Generalleutnant zur Disposition gestellt, zuletzt Kommandeur der 51. Infanterie-Brigade, Hd 8, 407; * 19. 2. 1843 Berg (zweites Kind), † 21. 9. 1919 Stuttgart, ☐ Pragfriedhof. Stele roter Sandstein, 1884.

Reihe 1-5/6 – Grab-Nr. 5/6

Höfer, Georg David, B. und Werkmeister in Berg; So von Johann Georg Höfer, Werkmeister, und Regine Jakobine, geb. Miller; ∞ Berg 1833 (s. u.), * 21.7. 1802 Berg, † 19.11. 1871 Stuttgart, 69.

Höfer, Catharine, geb. Bellmann; To von Israel Bellmann, B. und Bauer in Plieningen AOA Stuttgart, und Catharine, geb. Müller; ∞ Berg 1833 (s. o.), * 20.2. 1810 Plieningen, AOA Stuttgart (jetzt Stuttgart-Plieningen), † 22.11. 1871 Stuttgart, 61.

Höfer, Adolf (Carl A.); B. in Stuttgart, 1888–1894 Gemeinderat, Architekt, Privatmann; So von Georg David und Catharine Höfer (s. o.); ∞ Berg 1867 (s. u.); gliederte dem Baugeschäft Höfer in Berg 1874 in Cannstatt ein kleines Ziegelwerk an, das er nach 1880 bedeutend zum **Ziegelwerk Höfer u. Cie. GmbH** vergrößerte. Es hatte 1900 170 Beschäftigte und stellte hauptsächlich Backsteine her. Die Firma wurde nach 1960, nachdem der Lehm erschöpft war, gelöscht. In den Lehmgruben im Hallschlag wurden aus einem großen römischen Begräbnisplatz zahlreiche archäologische Funde geborgen, zuletzt im September/Oktober 1955 aus 83 Gräbern »Auf der Steig«. * 22.7. 1841 Berg, † 3.2. 1921 Stuttgart, 79, hier beigesetzt.

C. H. Beck: Cannstatter Chronik 1848–1899, Cannstatt: 1900, Seite 315; Brösameln, Ernst: Das schöne Stuttgart-Berg, Stuttgart: 1939, Seiten 36/37 und 47; Nierhaus, Rolf: Das römische Brand- und Körpergräberfeld »Auf der Steig« in Stuttgart-Bad Cannstatt. Die Ausgrabungen im Jahre 1955. Stuttgart: 1959.

Höfer, Bertha (B. Catharina), geb. Baur; To von Chri-

Stele aus grauem Sandstein für den Kaufmann Robert Köber (1812–1843)

stian Philipp Baur, Müller in Berg, und Catharine, geb. Uhlmann; ∞ Berg 1867 (s. o.), * 29.12. 1845 Berg, † 17.9. 1932 Stuttgart, 86, feuerbestattet und hier **am 20.9. 1932 als Zweitletzte im Alten Bergfriedhof beigesetzt.**
Wanddenkmal aus grauem Sandstein mit Einlage aus weißem Marmor und seitlichen durchbrochenen Brüstungswangen aus grauem Sandstein, 1872.

Reihe 42-7/8 – Grab-Nr. 704/705

○ *Hofmann,* Erich (Ludwig Heinrich E.); So des Badmitinhabers Heinrich (Ernst Johann H.) Hofmann

(1849–1899) und Frida (F. Eugenie) geb. Leuze (1858–1908); * 7.1. 1884 Berg, † 31.5. 1884 Berg, 4 Monate alt. Architektonische Stele roter Sandstein, 1884, Einlage aus weißem Marmor war 1952 zerschlagen.

Reihe 46-8 – Grab-Nr. 773

○ *Josenhans,* Marie, geb. Geß, * 10.11. 1816, † 12.9. 1881. Liegeplatte roter Sandstein, 1882.

Reihe 1-4 – Grab-Nr. 4

Köber, Robert, B. in Stuttgart, Kaufmann; So von Jacob Friedrich Köber, B. und Kaufmann in Heilbronn, und Johanna Jacobina Christiana, geb. Drauz; ∞ Stuttgart 1839 Ottilie Sophie, geb. Vischer; To von Finanzkammer-Sekretär Friedrich Vischer in Stuttgart und Christiane Louise, geb. Wölfing; * 23.7. 1816 Stuttgart, zog 1845 mit 2 Kindern nach Cannstatt; * 13.6. 1812 Heilbronn, † 24.3. 1843 Berg, 30. **Architektonische Stele** aus grauem Sandstein, auf 2 Sockeln, mit Abdeckplatte, Borte und Akroterien, 2 Einlagen aus Gußeisen; Denkmal 50 × 50 × 175 cm auf 105 × 105 cm großem Sockel, 1844.

Reihe 14-4/5 – Grab-Nr. 225/226

○ *Koellreutter* (Köllreutter), Marie (Elisabeth M.), To von Georg Carl Lotter, Stadtrat und Handelsmann in Stuttgart, und Christiane, geb. Müller; ∞ Stuttgart 1824 Eberhard Ludwig v. Köllreutter, General-Armee-Chirurg, Generalstabsarzt; So von Johann Georg Koellreuter, Chirurg in Stuttgart, und Heinriette Charlotta, geb. Jacobi; * 12.3. 1784 Stuttgart, † 10.7. 1828 Stuttgart, 44; * 29.5. 1800 Stuttgart, † 22.10. 1880 Stuttgart, 80. Liegeplatte roter Sandstein, stammt wohl von einem Nebengrab.

Reihe 17-1 – Grab-Nr. 273

○ *König,* August, * 7.9. 1812 Berlin, † 19.4. 1864 Berg, 51.
○ *König,* Sophie (Ernestine (?) S.), geb. Habel (?), * 20.9. 1808 Berlin, † 8.2. 185(1?) Berg, 42 (?). Kreuzdenkmal Postament roter Sandstein mit durchbrochenem Kreuz aus Gußeisen, 1852 (?).

Reihe 45-6/7 – Grab-Nr. 754/755

○ *Körner,* Karl (Eberhard Johann K.), B. und Kaufmann in Stuttgart, Stiftungspfleger, Pfarrgemeinderat in Berg; So von Immanuel Körner, Metzger in Ludwigsburg, und Catharine, geb. Keppler; ∞ Berg 1841 (s. u.), * 2.3. 1810 Ludwigsburg, † 2.10. 1881 Stuttgart, 71, ⬚ 4.10. nachmittags 2 Uhr (Alter) Bergfriedhof.

○ *Körner,* Helene (H. Wilhelmine), geb. Schneider; To von Tobias Gottlieb Friedrich Schneider, Kaufmann, und Helene Friederike, geb. Eberlin; ∞ Berg 1841 (s. o.), * 5.6. 1814 Berg, † 27.2. 1901 Berg, 86. Kreuzdenkmal roter Sandstein, 1882.

Reihe 14-10 – Grab-Nr. 231

○ *Kreglinger,* Auguste (»Gustele« Margrete), To von Friedrich (Wilhelm F. Andreas) **Kreglinger,** B. in Stuttgart, 1880–1904 Pächter der Kunstmühle Berg (Vordere Mühle), Kommerzienrat, * 27.6. 1841 Sommerhausen (Bayern), † 3.11. 1906 Berg, und Marie (M. Wilhelmine), geb. Kettner, * 28.11. 1848 Berg, † 30.5. 1900 Berg; beide beerdigt im Bergfriedhof; * 8.12. 1878 Berg, † 26.6. 1882 Berg, 3. Stele Granit, 1883.

Reihe 27-3/5 – Grab-Nr. 445/447

Kuhn, Gotthilf, B. in Berlin, Fabrikant, Kommerzienrat, Gründer und Inhaber der aus bescheidenen Anfängen zur Weltfirma gewordenen Maschinen- und Kesselfabrik, Eisen- und Gelbgießerei **G. Kuhn;** So von Johann Ludwig Kuhn, Schulmeister in Grafenberg, OA Nürtingen, und Agnes Catharina, geb. Trost (14. und jüngstes Kind); ∞ Berlin St. Elisabeth 1848 (s. u.); eröffnete am 30. März 1852 im Bierkeller an der Stuttgarter Straße (jetzt Steubenstraße) eine Mechanische Werkstatt mit Dampfmaschinen mit etwa 30 Arbeitern. Wesentlich erweitert 1852 durch Kesselschmiede, 1857 durch Gießerei zur Maschinenfabrik. 1856–1857 arbeitete Max **Eyth** hier an Schraubstock und Drehbank, dann 3 Jahre auf dem Konstruktionsbüro. Am 13./14.7. 1867 Großbrand in der Spinnerei, Schmiede, Dreherei und teilweise im Magazin. Fabrikneubau in Stein und Eisen. 1904 umfaßte die Firma 5,4 ha Gelände an der Stuttgarter Straße. Beschäftigt wurden 1859: 248; 1868: 409; 1879: 438; 1887: 642; 1900: 1246 Angestellte und Arbeiter. Gotthilf Kuhn hatte großes soziales Empfinden, er führte 1855 eine Betriebskrankenkasse, 1865 eine Sparkasse für die Beschäftigten ein. Nach dem Tod des Sohnes Georg am 22.10. 1903 wurde die Fabrik an die Maschinenfabrik Esslingen verkauft, die sie noch vor dem Ersten Weltkrieg stillegte.

Gotthilf Kuhn, Fabrikant, Kommerzienrat (1819–1890)

1869–1871 Mitglied des Bürgerausschusses in Stuttgart und ab 1886 der Handels- und Gewerbekammer Stuttgart. Ehrungen: 1881 Kommerzienrat, 1889 Friedrichsorden I. Klasse; 1895 Kuhnstraße in Stuttgart-Ost (Berg), nach ihm und dem Sohn Ernst benannt. *22. 6. 1819 Grafenberg, OA Nürtingen (jetzt Lkr. Reutlingen), †24. 1.

Architektonische Stele für die Familie des Kommerzienrats und Fabrikanten Gotthilf Kuhn

1890 Berg, 70. Hd 2, 476; SchwM 1890, 147 und 159; Brösamlen, Ernst: Das schöne Stuttgart-Berg. Stuttgart: 1939, S. 32–35; SL 15, 254 ff.

Kuhn, Caroline (Marie Henriette C.), geb. Haberzettel; To von Friedrich Haberzettel, Cattundrucker in Berlin, und Ernstine, geb. Hübel, aus Charlottenburg; ⚭ Berlin St. Elisabeth 1848 (s. o.), *29. 3. 1827 Gera (?), †21. 9. 1889 Berg, 62.

Kuhn, Anna (Johanne Marie A.); To von Gotthilf und

Caroline Kuhn (s.o.), *21.10. 1849 Berlin, †8.4. 1866 Berg, 16.

Kuhn, Albert (Gotthilf Christian A.) Kaufmann; So von Gotthilf und Caroline Kuhn (s.o.), *18.1. 1857 Berg, †19.2. 1889 als Passagier des deutschen Dampfers »Preußen« auf der Reise von Bremen nach Schanghai, 32, ∞ ... geb. Wüllken.

Architektonische Stele schwarzer Granit, aufgesetzte Bronzeplatten, 1890. Inschrift: Ruhet sanft!

Reihe 42-7/8 – Grab-Nr. 704/705

○ **Leuze,** Ludwig (L. Friedrich Carl), B. in Oelbronn, OA Maulbronn, Badinhaber 1864–1876; So von Ludwig (L. Friedrich Carl) Leuze, Kaufmann und resignierter Schultheiß in Oelbronn, OA Maulbronn, und Ursula Catharina, geb. Hummel; ∞ Lienzingen, OA Maulbronn 1841 (s.u.); Straße Am Leuzebad 1932 in Stuttgart-Ost (Berg) nach den Inhabern und Pächtern des Mineralbads Leuze 1851–1944 benannt. *26.1. 1818 Oelbronn, OA Maulbronn (jetzt Ölbronn-Dürrn, Enzkreis), †19.12. 1876 Berg, 58.

»Das Neue Leuze« Beilage des Amtsblatts der Stadt Stuttgart vom 13.10. 1983, Nr. 41, Seite II–III; Schickler, Emil: Das Leuze'sche Mineralbad Berg. Stuttgart: 1914; Brösamlen, Ernst: Das schöne Stuttgart-Berg, Stuttgart: 1939, S. 68–70.

○ **Leuze,** Johanna (J. Carolina), geb. Geisler; To von Johann Christian Geisler, Schultheiß in Lienzingen, OA Maulbronn, und Johanna, geb. Emmendörfer; ∞ Lienzingen, OA Maulbronn 1841 (s.o.); führte die Badeanstalt 1876–1883 nach dem Tode des Mannes; *16.9. 1821 Lienzingen, OA Maulbronn (jetzt Mühlacker-Lienzingen, Enzkreis), †3.6. 1883 Stuttgart-Berg, 61. Architektonische Stele roter Sandstein, 1854, Einlage aus weißem Marmor zerschlagen.

Reihe 40-8 – Grab-Nr. 671

○ *Leuze,* Hugo (Eugen Otto H.), ledig, Musiker; So von Ludwig und Johanna Leuze (s.o.), *7.3. 1856 Berg, †26.9. 1941 Stuttgart, 85, feuerbestattet und hier am 6.10. 1941 beigesetzt, tatsächlich beerdigt aber: Reihe 42-7/8-704/705 im Grab der Eltern; »u. (unten) Mitte vom Doppelgrab«. **Letzte Beisetzung im Ehem. Bergfriedhof.** Stele roter Sandstein, umgeworfen, lag 1952 auf Grab 40-8 – Grab-Nr. 671.

Reihe 6-3 – Grab-Nr. 88 (Kindergrab)

○ *Lindemann,* Bertha (Afra Anna Maria B.), To von Albert Lindemann, B. in Ulm, Kaufmann, und Marie Bertha, geb. Speidel; *7.8. 1867 Berg, †14.5. 1868 Berg, 9 Monate alt.

○ *Lindemann,* Anna (A. Maria); Schwester von Bertha (s.o.), *20.3. 1869 Berg, †15.12. 1869 Berg, 8 Monate alt. Stele roter Sandstein, 1,46 × 0,85 m; 1870; umgestürzt.

Reihe 42-9 – Grab-Nr. 706

○ *Maurer,* Johann Michael, Wirt in Berg, *13.10. 1806, †16.11. 1876. Kreuzdenkmal Postament roter Sandstein, Kreuz aus Gußeisen, 1877.

Reihe 21-3 – Grab-Nr. 343

○ *Menninger,* Friedrich (Gottlob F.), B. in Stuttgart, Metzger in Berg; So von Jakob Hieronymus Menninger, B. und Fuhrmann in Berg, und Jakobine, geb. Göbel; ∞ Schmiden, OA Cannstatt (jetzt Fellbach-Schmiden, Rems-Murr-Kreis), 1843 Marie (M. Barbara), geb. Rayser, To von Johannes Rayser, B. und Schuhmacher in Schmiden, und Christina Barbara, geb. Bürkle; *11.12. 1816 Schmiden OA Cannstatt, †14.3. 1899 Berg, 82; von 7 Kindern wanderten 3 nach USA aus. *16.12. 1817 Berg, †29.9. 1867, 49. Architektonische Stele, grauer Sandstein, 1868, auf dem Denkmal war vom Namen noch lesbar: »...nger« und die Geburts- und Todesdaten.

Reihe 15-2 – Grab-Nr. 240

○ **Müller,** Gottlieb Heinrich, Rentamtmann, später (1855) Cameralverwalter in Gaildorf; So von Johann Georg Müller, Kaufmann in Lorch, und Margarethe, geb. Pregitzer; ∞ (wohl in Cannstatt) 1828 (s.u.), *1.8. 1792 (vermutlich in Lorch), †6.12. 1869 (vermutlich in Berg), 77.

○ *Müller,* Theresia Amalie, geb. Hauff, To von Mag. Carl Victor v. Hauff, Dekan in Cannstatt, und Christiane geb. Zorer; ∞ (wohl in Cannstatt) 1828 (s.o.), *16.5. 1800..., †2.5. 1869 Berg, 68. Liegeplatte roter Sandstein, 1870.

Reihe 36-8/9 – Grab-Nr. 603/604

○ *Munde,* Bertha Elisabeth, geb. von Hornemann; To von ... von Hornemann, Commissionsrath in Dresden; ∞ ... Carl Munde, B. in Nord-Amerika (USA), Dr. med., *27.7. 1813 ... in Sachsen, †29.2. 1872 Berg, 58. Große

Liegeplatte grauer Sandstein, 162 × 90 × 15 cm; 1873. Inschrift: »Hier ruht / von einem thätigen und / nützlichen Leben / ein starkes und treues Herz / beweint von ihren Kindern und ihrem Gatten / ...«

Reihe 37-10/11 – Grab-Nr. 622/623 (?)

○ **Neuner**, Friedrich (Georg F.), Kunst- und Handelsgärtner, Badbesitzer. *20.4. 1817 Stuttgart, †15.10. 1883 Stuttgart-Berg, 66, □17.10. 1883 im Alten Bergfriedhof, 15.10. 1885 in den Bergfriedhof umgebettet, s. d. Neuner; war wohl in dem Doppelgrab neben dem Schwiegersohn Johannes Burghard beerdigt. Architektonische Stele grauer Sandstein, umgestürzt, Inschrift unlesbar.

Reihe 3-11 – Grab-Nr. 45 (Kindergrab)

○ *Pflüger*, Ottilie (O. Catharine Rosine); To von Johann Christof Pflüger, B. und Seidenfärber in Berg, und Pauline (P. Luise Rosine), geb. Burger; *18.4. 1847 Berg, †1.9. 1847 Berg, 4 Monate alt. Liegeplatte roter Sandstein, 1848.

Reihe 16-4 – Grab-Nr. 259

○ »our Putzi«, Kosenamen für ein Kind (?). Stele grauer Sandstein, 1952 stark beschädigt.

Reihe 18-2 – Grab-Nr. 291

○ *Raisch*, Christian Friedrich, Beisitzer, Kaufmann; So von Daniel Raisch, Strumpfweber in Berg, und Barbara, geb. Schaupp; ∞ Herrenalb 1854 (s. u.), *15.3. 1820 Berg, †11.2. 1877 Stuttgart, 56.

○ *Raisch*, Christiane Friederike, geb. Kahnis; To von Daniel Heinrich Kahnis, Kaufmann in Herrenalb, und Luise Friederike, geb. Bühler; ∞ Herrenalb 1854 (s. o.), *8.8. 1826 Gaisburg, AOA Stuttgart (jetzt Stuttgart-Ost), †4.3. 1883 Stuttgart, 56. Kreuzdenkmal, Postament aus Tuffstein mit Einlage aus weißem Marmor, 1878, das aufgesetzte Kreuz fehlte 1952.

Reihe 45-5 – Grab-Nr. 753

○ *Rapp*, Emilie (Christine Marie E.); To von Gottlieb Rapp, B. in Cannstatt, Mechanikus in Berg, und Anna Catharine Regine, geb. Völlm, *23.2. 1864 Berg, †7.10. 1882 Stuttgart, 18. Liegeplatte roter Sandstein, 1883.

Reihe 30-1/2 – Grab-Nr. 494/495

○ *Reutter* (Reuter), Johann David, B. und Metzger in Berg; So von Gottfried Reutter, B. in Oethlingen, OA Kirchheim (jetzt Kirchheim/Teck-Ötlingen, Lkr. Esslingen), und Catharine geb. Rueß; ∞ 1828 Berg (s. u.), *31.1. 1803 Öthlingen, OA Kirchheim (jetzt Kirchheim/Teck-Ötlingen, Lkr. Esslingen), †22.5. 1871 Berg, 68.

○ *Reutter* (Reuter), Christiane (C. Regine), geb. Strohhäcker; To von Jakob Friedrich Strohhäcker, Schuster in Berg, und Regine Auguste, geb. Kaltschmid; ∞ 1828 Berg (s. o.), *16.8. 1799 Berg (laut Denkmal *14.8.?), †27.4. 1884 Stuttgart-Berg, 84. Architektonische Stele grauer Sandstein, 1872, war 1952 umgestürzt.

Obelisk aus grauem Sandstein für Carl Ludwig Graf von Sayn-Wittgenstein-Hohenstein (1781–1785), um 1852 von dem Kirchhof hierher versetzt

Reihe 4-10 – Grab-Nr. 61 (Kindergrab) (jetzt in Reihe 9-4 Grab-Nr. 140)

Sayn-Wittgenstein-Hohenstein (im Totenbuch Wittgenstein), Carl Ludwig Graf von, So von Sayn-Wittgenstein-Hohenstein (auch Sayn, Hohenstein und Wittgenstein), Karl Theodor Wilhelm Ludwig Ferdinand Graf zu, Herzoglich Württembergischer Kammerherr, und Maria Apollonia, geb. von Löwenfisch (zweites in Stuttgart geborenes Kind war Karoline Heinrietta, *16.3. 1783), *20.7. 1781 Stuttgart, †9.8. 1785 Berg, 11 Uhr, 4, ⬜11.8. 10 Uhr Kirchhof Berg.
Obelisk aus grauem Sandstein, darauf Kreuzfuß, Kreuz abgebrochen, **1786** Denkmal um 1852 hierher versetzt. Inschrift teilweise unlesbar: »... CLW / Leichen Text / Weish. 4,14 (Buch der Weisheit) / Seine Seele gefiel / Gott (darum eilet / er mit) Ihm aus / diesem Leben.« (In einer Luther-Bibel aus Tübingen von 1768 heißt der Leichentext: »Denn seine seele gefället GOTT; darum eilet er mit ihm aus dem bösen leben.«)
Das edelfreie rheinische Geschlecht der Grafen von Sayn auf der Burg Sayn (heute zu Bendorf, Lkr. Mayen-Koblenz, Rheinland-Pfalz), die um 1200 erbaut und 1633 von den Schweden zerstört wurde, starb in männlicher Linie 1246 aus. Eine Linie der Grafen von Sponheim führte den Namen Sayn weiter, sie erwarben dazu 1357 die Grafschaft Wittgenstein (Schloß Laasphe, heute Kreis Siegen). 1607 wurde die Grafschaft in mehrere Linien geteilt. Die dritte Hauptlinie Sayn-Wittgenstein-Hohenstein war 1649–1699 mit den Herrschaften Lohra und Klettenberg in der Grafschaft Hohenstein (jetzt Lkr. Nordhausen Bezirk Erfurt) belehnt worden.

Reihe 1-3 – Grab-Nr. 3

Schäuffele (nach dem Denkmal Schäufele), Friedrich, B. in Hirschlanden, Holzinspector in Berg; So von Thomas Schäuffele, Bauer in Hirschlanden, OA Leonberg, und Anne Margaretha, geb. Schäuffele; ⚭1837 Hirschlanden, OA Leonberg, Rosine Catharine, geb. Mann (*6.9. 1811 Hirschlanden, nicht in Stuttgart †); To von Michael Mann, Gemeindepfleger, und Catharine, geb. Mann. *29.4. 1805 wohl in Hirschlanden, OA Leonberg (jetzt Ditzingen-Hirschlanden, Lkr. Ludwigsburg), nach dem Denkmal geboren am 6.4. 1806 (?); †19.6. 1861 Berg,

56, bzw. 55 (?). Architektonische Stele, roter Sandstein, 1862, umgestürzt, 1965 nur noch der Sockel des Denkmals erhalten.

Teil des Grabdenkmals für Friedrich Ludwig Schauber (1776–1793), um 1852 vom Kirchhof Berg hierher versetzt

Reihe 23-8/9 – Grab-Nr. 382/383 (jetzt 19-3 – Grab-Nr. 309)

Schauber, Friedrich Ludwig, ledig, So von Johann Ludwig Schauber, Compagnie-Buchhalter in Calw, *20.10. 1737 ..., †26.8. 1781 Calw; und seiner zweiten Frau (⚭Liebenzell 16.1. 1776) Regine Christiane Friederike, geb. Zimmermann, *16.12. 1758 ...; †19.11. 1776 Calw, 17; *28.10. 1776 Calw, †15.8. 1793 Cannstatt, 16,

□ 17.8.1793 Kirchhof Berg, »abends 4 Uhr«; »N.N. Schaubers in der Calwer Compagnie Hinterl. ehelicher lediger Sohn, der mit anderen im Neckar (Markung Cannstatt) badete und daselbst ertrunken« (Totenbuch Berg, danach gestorben 15.8.; tot aufgefunden 17.8.)

Großes Denkmal mit hohem Sockel und darauf kannelierte Säule auf Sockelplatte, Sockel 80×80 cm; auf 3 Seiten mit je 2 Tränenkrügen; Gesamthöhe mit Säule 170 cm; **1794**; Denkmal aus dem Kirchhof Berg wohl um 1852 hierher versetzt.

Inschrift: »Friedrich Ludwig Schauber / Geb. zu Calw 28. Oct. 1776 / Fand badend den Tod / D. 15. Aug. 1793 / Trauernd setzten ihm / dies Grabmal / ein Bruder.« Bruder: Georg Friedrich, Kompagnie Verwandter, *1.10. 1768 Calw, †2.4. 1803 Calw, 34.

Reihe 21-6 – Grab-Nr. 346

○ *Schlayer*, Caroline, geb. Veiel, To von Christof Friedrich Veiel, Kaufmann in Gemmrigheim, OA Besigheim, und Katharina Barbara, geb. Ritter; ∞1834 Langenbrand, OA Neuenbürg, Georg Jakob Schlayer, B. in Gemmrigheim, Revierförster, *21.12. 1797 Gemmrigheim, OA Besigheim, †22.10. 1842 Stuttgart; *19.4. 1798 Ochsenburg, OA Brackenheim (jetzt Zaberfeld-Ochsenburg, Lkr. Heilbronn), †3.10. 1868 Berg, 70. Kleine Stele grauer Sandstein, 1869, stark verwittert 1952.

Reihe 46-9 – Grab-Nr. 774

○ *Schmohl*, Christian (Johann C.), B. in Stuttgart, Bäcker und Wirt; So von Johann Michael Schmohl, Bauer in Hildrizhausen, OA Böblingen, und Anna Maria Catharina, geb. Kraft; ∞Sindelfingen 1862 (s. u. Grab-Nr. 752), *23.12. 1827 Hildrizhausen, OA Böblingen (jetzt Lkr. B.), †4.8. 1881 Stuttgart, 53. Liegeplatte roter Sandstein, 1882.

Reihe 45-3 – Grab-Nr. 751

○ *Schmohl*, Paul (P. Christian), ledig, Bäcker; So von Christian und Wilhelmine Schmohl (s. o. u. u.), *12.10. 1864 Berg, †23.8. 1882 Stuttgart-Berg, 17. Liegeplatte roter Sandstein, 1882.

Reihe 45-4 – Grab-Nr. 752

○ *Schmohl*, Wilhelmine, geb. Hellener; To von Johann Christof Hellener, Weber in Sindelfingen, und Juliane Friederike, geb. Widmaier; ∞Sindelfingen 1862 Christian Schmohl (s. o.), *25.10. 1825 Sindelfingen, OA Böblingen (jetzt Lkr. B.), †5.11. 1881 Stuttgart, 56. Liegeplatte roter Sandstein, 1882.

Reihe 36-3 – Grab-Nr. 598

○ *Schnell*, Wilhelm Gottlieb, B. in Stuttgart, Weingärtner; So von Gottlieb Schnell, Weingärtner in Stuttgart-Gablenberg, und Beata Friedricke, geb. Heppeler, ∞Berg 1838 (s. u.), *8.11. 1807 Stuttgart-Gablenberg, †5.10. 1853 Berg, 45.

○ *Schnell*, Rosine (Marie R.), geb. Weiß; To von Konrad Ludwig Weiß, Weingärtner in Berg, und Anna Marie Jacobina, geb. Jaus; ∞Berg 1838 (s. o.), *1.10. 1803 Berg, †17.4. 1868 Berg, 64. Stele roter Sandstein, 1869, nur mit Inschrift für Rosine Schnell.

Reihe 36-1/2 – 596/597

○ *Schuler*, Georg (Johann G.), B. in Stuttgart, Zimmermann in Berg; So von Johann Georg Schuler von Dürrwangen, OA Balingen, und Magdalene, geb. Baisch; ∞Berg 1836 (s. u.); 9 Kinder, jüngster So Carl Gotthilf Schuler, *10.6. 1851 Berg, †12.12. 1870 gefallen bei Paris; *31.7. 1802 Dürrwangen, OA Balingen (jetzt Balingen-Frommern, Zollernalbkreis), †10.8. 1889 Stuttgart-Berg, 87.

○ *Schuler*, Friederike (F. Regine), geb. Memminger (Menninger?); To von Jakob Hieronymus Memminger, Fuhrmann in Berg, und Jakobine Conradine, geb. Göbel; ∞Berg 1836 (s. o.), *12.8. 1814 Berg, †3.4. 1868 Berg, 53. Liegeplatte roter Sandstein, 1869.

Reihe 22-2/3 – Grab-Nr. 359/360

○ *Uhlmann*, Johann Georg, B. und Müller; So von Johann Georg Uhlmann, Weber in Zell unter Aichelberg, OA Kirchheim, und Elisabeth, geb. Reyer; ∞I. Berg 1814 (s. u.), ∞II. Eßlingen 1831 (s. u.), *28.2. 1786 Zell unter Aichelberg, OA Kirchheim (jetzt Lkr. Göppingen), †2.5. 1865 Berg, 79; □5.5. ½3 Uhr im (Alten) Bergfriedhof.

○ *Uhlmann*, Regina Dorothea Rosina, geb. Nißle, *25.2. 1798 Berg (?), †8.9. 1829 Berg, 31, □10.9. nachm. 2–3 Uhr (Alter) Bergfriedhof.

○ *Uhlmann*, Rosine Friederike, geb. Mayer; To von Johann

Andreas Mayer, Dreher in Eßlingen, und Friederike Helene, geb. Silber; ∞ Eßlingen 1831 (s. o.), * 1. 3. 1795 Eßlingen (jetzt Esslingen am Neckar), † 21. 6. 1865 Berg, 70, □ 24. 6. 10 Uhr (Alter) Bergfriedhof. Architektonische Stele roter Sandstein, 1866.

Reihe 25-5 – Grab-Nr. 413

○ *Völlm,* Wilhelm (W. Friedrich Ferdinand), Schuhmacher; So von Wilhelm (W. Friedrich), B. und Schuhmacher, * 16. 6. 1807 Asperg Dorf und Regina (Jacobine R. Magdalene), geb. Göbel, * 21. 5. 1811 Berg, † 7. 12. 1893 Stuttgart-Berg, ∞ . . . 1860 Justine Joos von Cannstatt, * 25. 11. 1835 Berg, † 8. 8. 1882 Stuttgart-Berg, 46. Liegeplatte roter Sandstein, 1883.

Reihe 41-6/7 – Grab-Nr. 686/687, jetzt 41-3 – Grab-Nr. 683

Volz, Heinrich v., Direktor der Land- und Forstwirtschaftlichen Lehranstalt Hohenheim (jetzt Universität Hohenheim); So von Heinrich Volz, Oberamtmann in Ludwigsburg, und Christiane geb. Weckherlin; ∞ . . . 1834 (s. u.); Oberrevisor bei der Oberrechnungskammer; Direktionsassistent und Kassierer an der Landwirtschaftlichen Lehranstalt in Hohenheim, 1829–1837 Lehrstuhl für Wirtschaftslehre des Landbaus, 1832–1837 Direktor; Hofrat. Verdient um die Viehzucht, Mitbegründer des »Wochenblatt für Land- und Forstwirtschaft«. Beantragte 46 Jahre alt »krankheitshalber« die Versetzung in den Ruhestand. * 8. 8. 1791 Lauffen am Neckar,

Heinrich von Volz, Direktor in Hohenheim (1791–1879)

Kreuzdenkmal aus Granit für Heinrich von Volz

OA Lauffen (jetzt Lkr. Heilbronn), †12.6. 1879 Stuttgart-Berg, 87;
Franz, Günther (Hrsg.): Universität Hohenheim, Landwirtschaftliche Hochschule, 1818–1968; Stuttgart: 1968.
Volz, Marie (Friedrike Auguste M.), geb. Pistorius; To von Ferdinand Pistorius, Legationsrat in Stuttgart und Emilie, verw. Vischer, geb. Feuerlein, der Schwester des (ersten) Oberbürgermeisters Feuerlein in Stuttgart und Schwiegermutter des Dichters Ludwig Uhland; ∞... 1834 (s. o.); Wohnhaus Kirchstraße (jetzt Kuhnstraße) 26; *3.9. 1808 Stuttgart, †15.10. 1885 Stuttgart, 77.
Kreuzdenkmal Postament aus Granit, das aufgesetzte Kreuz aus weißem Marmor fehlte 1952; Inschrift li:»Aus Gnaden / seid / ihr selig geworden / durch den Glauben...« (Brief des Paulus an die) Eph(eser) 2,8«, re: »Herr, (wohin) sollen wir gehen / Du hast (Worte) / des ewigen Lebens. Joh(annes) 6,68«.

Reihe 43-5 – Grab-Nr. 719

○ *Wüst,* Christiane (C. Catharine), geb. Schroth; To von Johann Martin Schroth, Schuhmacher in Calw, und Christiane Friederike, geb. Herzog; ∞Berg 1848 Friedrich (Gottfried Wilhelm F.) Wüst, B. und Schreinermeister, *20.4. 1820 Berg, †26.5. 1900 Stuttgart-Berg, 80; *4.6. 1821 Calw, †24.9. 1880 Stuttgart-Berg, 59. Liegeplatte roter Sandstein, 1881.

Reihe 29-3/4 – Grab-Nr. 479/480

○ *Zeller,* Peter, Maschinenschmied; So von Bernhard Zeller und Anna, geb. Neumaier; ∞ Warthausen OA Biberach (jetzt Lkr. B.) 1860 (s. u.); ∞(II.) 1865 Viktoria, geb. Arnold; *28.6. 1832 Iggingen OA Gmünd (jetzt Ostalbkreis), 4.2. 1879 Stuttgart-Berg, 46.
○ *Zeller,* Magdalene, geb. Arnold; To von Franz Josef Arnold und Antonie, geb. Hagel; ∞Warthausen OA Biberach (jetzt Lkr. B.) 1860 (s. o.); *7.7. 1830 Barabein, Gemeinde Höfen, OA Biberach (jetzt Maselheim-Aepfingen, Lkr. Biberach), †15.4. 1864 Berg, 33. Stele grauer Sandstein, umgestürzt, 1865.

Weitere bekannte Berger Bürger, deren Grabmale 1952 nicht mehr erhalten waren

○ *Ammermüller,* Johann Friedrich, B. und Substitut in Stuttgart, Inhaber einer Bierbrauerei in Berg, Amtsverweser (Schultheiß) in Berg, So von Wilhelm Friedrich Ammermüller, Kaufmann in Herrenberg, und Magdalene, geb. Diez; ∞Berg 1815 Christiana (Johanna C. Catharina Heinricke), geb. Gabriel (s. S. 33); *28.11. 1789 Bühl, OA Rottenburg (jetzt Tübingen-Bühl), †30.9. 1841 Berg, 51.
○ *Bach,* Anna Ursula, geb. Brenkhardt; To von Johann Christoph Brenkhardt, Weißgerber und Leimsieder in Ulm, und Anna Ursula, geb. Kaufmann; ∞... 1778 Johann Jacob Bach, Chirurgus (1751–1824), siehe Kirchhof Berg. *8.8. 1762 Ulm a. Donau, †17.2. (nicht 17.8.) 1831 Berg, 68, □ 19.2. nachm. 2–3 Uhr Ehem. Bergfriedhof.
○ *Bach,* Christoph Erhardt, Beysitzer und Chirurg III. Classe in Berg, Wundarzt in Oeffingen, OA Cannstatt (jetzt Fellbach-Oeffingen, Rems-Murr-Kreis); So von Johann Jacob Bach, Chirurgus, und Anna Ursula, geb. Brenkhardt (s. o.); ∞Berg 1827 (nicht 1837) Johanne Friedrike geb. Hummel (s. u.), *8.2. (nicht 8.8.) 1798 Warmbronn, OA Leonberg (jetzt Leonberg-Warmbronn, Lkr. Böblingen), †7.12. 1870 Oeffingen, OA Cannstatt (jetzt Fellbach-Oeffingen, Rems-Murr-Kreis), □9.12. Ehem. Bergfriedhof, mittags 2 Uhr.
○ *Bach,* Johanne Friedrike, geb. Hummel; ∞Berg 1827 (nicht 1837) (s. o.), *29.1. 1800 Vaihingen an der Enz (jetzt Lkr. Ludwigsburg), †13.10. 1865 Stuttgart, □wohl in Berg.
○ *Bröll,* Johann Ludwig, Schloßverwalter »auf dem Rosenstein«; So von Johann Ludwig Bröll, Portechaiseträger, und Barbara geb. Ruland; ∞I... geb. Heller, †21.6. 1844; ∞II. Stuttgart 1848 Sara geb. Hafner; *6.5. 1794 Stuttgart, †13.10. 1872 Stuttgart, Schloß Rosenstein, 78, □15.10. mittags 3 Uhr Bergfriedhof.
○ *Canz,* Christian (C. Friedrich), Beisitzer und Mechaniker in Berg, gewesener Königlicher Gärtner auf Bellevue (in Cannstatt); So von Gottlieb Friedrich, Chirurg und Richter in Lienzingen, OA Maulbronn; ∞Berg 1819 (s. u.), *29.12. 1789 Lienzingen, OA Maulbronn (jetzt Mühlacker-Lienzingen, Enzkreis), †1.9. 1861 Stuttgart, 71, □3.9. Bergfriedhof.
○ *Canz,* Regine Friedrike, geb. Strohhäcker; To von Jakob Friedrich Strohhäcker, Schuster, und Regine Au-

guste geb. Kaltschmid; ∞ Berg 1819 (s.o.), *11.1. 1791 Berg, †6.1.1864 Stuttgart-Berg, 72, ⃞9.1. Bergfriedhof.

◦ *Drieslein*, Johann Georg Christian, Schmiedemeister, Hofschmied (?): So von Georg Christian Drieslein, Hof- und Waffenschmied, und Maria Magdalene geb. Strohhäcker; ∞ Berg 1794 (s.u.), *14.3. 1768, †22.8. 1828 Berg, 60, ⃞25.8. Bergfriedhof.

◦ *Drieslein*, Maria Louisa, geb. Steinbronner, To von Jacob Friedrich Steinbronner, B. und Sattler in Winnenden, und Christina Juliana geb. Kuohn, ∞ Berg 1794 (s.o.), *18.6. 1768 Winnenden (jetzt Rems-Murr-Kreis), †16.3. 1828 (nicht 1848) Berg, 59, ⃞19.3. Bergfriedhof.

◦ *Drieslein*, Gottlob Carl, B. in Stuttgart, Schmied, So d. Vorigen; ∞ Berg 1830 Elisabeth Barbara, geb. Gerstner, *1.12. 1804 Berg, †14.2. 1892 Hirsau, OA Calw (jetzt Calw-Hirsau, Lkr. Calw), *24.3. 1805 Berg, †6.7. 1870 Berg, 65, ⃞wohl Bergfriedhof.

Reihe 1-5/6 – Grab-Nr. 5/6 (wohl hier beerdigt):

◦ *Höfer*, Johannes (J. Georg), Werkmeister, B. in Cannstatt, So von Johannes Höfer, Zimmermeister, Gerichtsverwandter in Münster und Christine Catarine geb. Raff; ∞ ... 1786 (s.u.), *23.3. 1756 (oder 1757) Münster, OA Cannstatt (jetzt Stuttgart-Münster), †22.9. 1834 Berg, 68 oder 67, ⃞25.9. 2 Uhr (Alter) Bergfriedhof.

◦ *Höfer*, Regina Jacobina, geb. Miller; To von Friedrich Gottlieb Miller, Werkmeister, und Marie Regine, geb. Scheible; ∞ ... 1786 (s.o.), *31.12. 1769 ..., †8.7. 1843 (nicht 1873) Berg, 73, ⃞11.7. morgens 10 Uhr (Alter) Bergfriedhof. Einlage aus weißem Marmor fehlte schon 1952, wohl mit der Inschrift für das Ehepaar Höfer-Miller, den Eltern und Großeltern von Georg David und Adolf Höfer (s.o.).

◦ *Höfer*, Georg Gottlieb, Zimmermann; ∞ I. Berg 1812 Eva Katharina Wörz (1790–1825) s. Kirchhof Berg; ∞ II. Beinstein OA Waiblingen 1827 Anna Maria Pfisterer; *15.11. 1787 Berg, †14.10. 1832 Berg, 44, ⃞16.10. 2 Uhr (Alter) Bergfriedhof.

◦ *Holder*, Elisabetha Friederica, geb. Stauch, To von Jacob Friedrich Stauch, Gypsmüller in Berg, und Marie Catharina, geb. Raff; ∞ ... Johann Georg Friedrich Holder,

Gypsmüller, *10.12. 1766 Berg, †16.12. 1825 Berg, 59, ⃞19.12. nachm. 1–2 Uhr als vierte im (Alten) Bergfriedhof.

◦ *Holder*, Christoph Friedrich, B. in Stuttgart, Gipsmüller in Berg; So von Johann Georg Holder, Müller in Markgröningen; ∞ Berg 1819 Christine M., geb. Berner, *1781 Altdorf, OA Böblingen, †1858 Mössingen, OA Rottenburg (jetzt Lkr. Tübingen), *15.12. 1792 Zaberfeld, OA Brackenheim (jetzt Lkr. Heilbronn), †22.6. 1836 Berg, 43, ⃞25.6. morgens 10 Uhr (Alter) Bergfriedhof.

◦ *Kauffmann*, Maria Barbara, verw. Winkler, geb. Weigelin; To von Johann Georg Weigelin, B. und Obmann in Eßlingen, und Elisabethe Magdalene, geb. Binder; ∞ I... 1792 Ludwig Friedrich Winkler, Schulmeister, †1805, ⃞im Kirchhof Berg (s.d.); ∞ II... 1807 Johann Georg Kauffmann, Fuhrmann, *1.9. 1763, †23.2. 1832 Berg, 68, ⃞26.2. nachm. 2–3 Uhr im (Alten) Bergfriedhof.

◦ **Kettner,** Wilhelm Friedrich, B. in Stuttgart, Kunstmühlepächter; So von Daniel Friedrich Kettner, Bäckermeister, und Marie Regine, geb. Bolay; ∞ Berg 1845 (s.u.), *7.4. 1821 Stuttgart, †30.1. 1886 Berg, 64.

◦ *Kettner*, Marie (M. Regine Barbara), geb. Uhlmann; To von Johann Georg Uhlmann, Müller in Berg, und Regine Dorothea, geb. Niße; ∞ Berg 1845 (s.o.), *13.3. 1824 Berg, †7.5. 1877 Berg, 53.

◦ *Kling*, Johann Jacob, herrschaftlicher Müller auf der Tannenmühle in Stuttgart, Müllerobermeister; So von Johann Jacob Kling, Bürgermeister in Neckartenzlingen, OA Nürtingen; ∞ I. Plieningen 1794 Barbara Franziska Sigle †Plieningen 1799, ∞ II. Berg 1803 Wilhelmine Luise Dorothea König *1777 Stuttgart, ∞ 1835 in Waiblingen), *28.5. 1766 Neckartenzlingen, OA Nürtingen (jetzt Lkr. Esslingen), †14.4. 1826 Berg, 59, ⃞16.4. nachmittags 2 Uhr (Alter) Bergfriedhof.

◦ *Kling*, Christine Catharine, geb. Höfer; To von Johann Georg Höfer, Werkmeister, und Regine Jacobine, geb. Müller; ∞ Berg 1820 Johann Jacob Kling, B. in Stuttgart, Müller, *26.8. 1795 Stuttgart-Heslach, †20.10. 1857 Heslach, 62, *30.5. 1794 Berg, †2. (nicht 3.) 6. 1858 Berg, 64, ⃞5.6. nachmittags 2 Uhr (Alter) Bergfriedhof.

Ludwig Leuze (1794–1864) mit seinem gleichnamigen Sohn

- **Leuze,** Ludwig (L. Friedrich Carl), B. in Oelbronn, OA Maulbronn, Kaufmann, resignierter Schultheiß in Oelbronn, *kaufte 1851* das nach ihm und seinen Nachfahren benannte *Mineralbad Leuze,* er war Badbesitzer bis zu seinem Tode; So von Jakob Leuze, Handelsmann in Eningen unter Achalm, und Agnes geb. Majer; Straße Am Leuzebad 1932 in Stuttgart-Ost (Berg) nach ihm und seinen Inhabern und Pächtern (1851–1944) benannt. *11.1. 1794 Eningen unter Achalm (jetzt Kreis Reutlingen), †26.4. 1864 Cannstatt, morgens 1 Uhr, 70 (das Bad auf der Insel Berg gehörte damals zu Cannstatt) ☐ Friedhof Berg 28.4. 1864, nachmittags 2 Uhr im älteren Teil des Ehemaligen Friedhofs Berg, das Grab konnte 1952 nicht mehr ermittelt werden. Literatur siehe beim Sohn Ludwig Leuze (1818–1876).

- *Leuze,* Ursula Catharina geb. Hummel; To von Johann Georg Hummel, Handelsmann in Eningen unter Achalm, und Anna Maria geb. Lotterer; ∞ Eningen 26.4 1815 (s.o.). 5 Kinder (3 Töchter, 2 Söhne), alle jung gestorben bis auf den älteren Sohn Ludwig (1818–1876) den zweiten Badbesitzer, *28.9. 1790 Eningen unter Achalm (jetzt Kreis Reutlingen), †24.4. 1852 Cannstatt nachts 11 Uhr, 61, ☐ Friedhof Berg 27.4. 1852, nachmittags 2 Uhr im älteren Teil des Ehemaligen Friedhof Berg, das Grab konnte 1952 nicht mehr ermittelt werden.

- *Lotter,* Georg Carl, B. in Stuttgart, resignierter Stadtrat Privatier, seit 1830 in Berg; So von Tobias Ludwig Lotte in Stuttgart, und Elisabeth Dorothea, geb. Keller ∞ Stuttgart 1798 Christiane Friedrike Müller; To von Mag. Johann Friedrich Müller, Regierungsrath in Stuttgart, und Christiane Elisabeth, geb. Roser; *4.1. 1770 (wohl in Stuttgart), †19.11. 1838 Stuttgart, 59; *25.10 1775 Stuttgart, †30.9. 1834 Berg, 58, ☐ 2.10. nachmittag 3 Uhr (Alter) Bergfriedhof.

- *Memminger,* Johann Jacob, Beisitzer, Fuhrmann ∞ Berg 1830 (s.u.), *19.6. 1799 Berg, †25.12. 1864 Berg 65, ☐ 27.12. nachmittags 2 Uhr (Alter) Bergfriedhof.

- *Memminger,* Anna Maria, geb. Häfele; ∞ Berg 1830 (s.o.), *20.10. 1808 Holzheim, OA Göppingen (jetzt Göppingen-Holzheim), †8.3. 1876 Berg, 67, ☐ 11.3 nachm. 2 Uhr (Alter) Bergfriedhof.

- *Reick,* Johann Georg, So von Leonhard Reick, Taglöhner, und Elisabethe geb. Wagner, *15.7. 1824 Berg †8.12. 1825 Berg, 1, ☐ 10.12. nachmittags 4 Uhr, zweite Beerdigung im (Alten) Bergfriedhof.

- *Rohleder,* Georg David Gottlieb, Holzinspektor, vormals Unteroffizier bei der Artillerie, Wachtmeister; So von Johann Georg Rohleder, Bauer in Ludwigsburg, und Christine Sabine, geb. Bertsch; ∞ ... Catharina Barbara Bosch; To von Christian Bosch, Corporal, und Jacobina geb. Haspel, *17.11. 1775 ...; *2.1. 1767 Ludwigsburg †4.6. 1829 Berg, 62, ☐ 7.6. nachmittags 3 Uhr (Alter Bergfriedhof.

○ *Sannwald*, Johanne Dorothea Sabine, geb. Kaltschmidt; To von Johann Christoph Kaltschmidt, Kastenknecht in Winnental, und Sabina, geb. Enslin; ∞ Winnenden 1796 Friedrich Benjamin Sannwald, Holzinspektor in Berg; So von Georg Sannwaldt, Schulmeister in Welzheim, und Anna Rosine, geb. Schallenmüller, *2.2. 1759 ..., †20.12. 1825 (nicht in Berg), 66; *28.4. 1768 Ludwigsburg, †23.12. 1828 Berg, 60, □26.12. um 2 Uhr (Alter) Bergfriedhof.

○ *Schäfer*, Johannes, B. und Bannmüller, Acciser; So von Michael Schäfer, Küfer in Fellbach, und Anna Maria geb. Hummel; ∞ I. Stuttgart 1786 Anna Maria, geb. ..., †1.5. 1801 (nicht in Berg); ∞ II. ... 1801 (s. u.), *27.7. 1762 (wohl in Fellbach), †9.4. 1835 Berg, 72, □11.4. nachmittags 2 Uhr (Alter) Bergfriedhof.

○ *Schäfer*, Elisabeth, geb. Schweikert, Witwe des Küfers Wilhelm Enchelmaier in Stuttgart; To von Jacob Friedrich Schweikert, Mezger in Cannstatt, und Justina Jacobina, geb. Rapp; ∞ ... 1801, *3.1. (nicht 3.3.) 1767 ..., †11.2. 1827 Berg, 60, □14.2. (Alter) Bergfriedhof.

○ *Schuler*, Catharina Margaretha, geb. Wolff; To von Amandus Wolff, B. und Bortenmacher in Eßlingen, und Rosine Katharina, geb. Wührle, von Heidenheim; ∞ ... Georg Leonhard Schuler, Bortenmacher in Eßlingen, Aufseher in der mechan. Spinnerey in Berg, *6.11. 1773 Eßlingen (jetzt Esslingen), †14.12. 1825 Berg, 52, □16.12. nachmittags 2–3 Uhr, dritte Beerdigung im (Alten) Bergfriedhof.

○ *Thiel*, Johann Friedrich, lediger Bortenmacher und Fabrikarbeiter in Berg; So von Friedrich Thiel, Bortenmacher und Wirker in Wohlau, und Anna Maria, geb. Bausch; *5.7. 1755 Wohlau (»b. Breßlau in Schlesien«), †29.12. 1825 Berg, 70, □1.1. 1826, vormittags 10–11 Uhr, sechste Beerdigung im (Alten) Bergfriedhof.

○ *Vötter*, Christina Friederike, geb. Cloß, verw. Schloßer; To von Georg Heinrich Cloß, B. und Gürtler in Marbach, und Maria Friderica, geb. Greulich, von Markgröningen; ∞ I. ... Johann Michael Schloßer, in Marbach; ∞ II. ... Georg Nicolaus Vötter, Schlosser, in Marbach, *6.12. 1764 Marbach am Neckar, OA Marbach (jetzt Lkr. Ludwigsburg), †21.12. 1825 Berg, 61, fünfte Beerdigung im (Alten) Bergfriedhof.

○ *Wächter*, Karl, B. in Wildberg, Buchhalter, Cassier in der Mechanischen Spinnerei in Berg; So von Eberhard v. Wächter, Historienmaler in Stuttgart, und Franziska Petronella, geb. Bandini, von Rom; ∞ Wildberg, OA Nagold (jetzt Lkr. Calw) 1830 Marie Christiane Gottliebin, geb. Schultheiss; To von Johann Peter Schultheiss, Kaufmann in Wildberg, und Christiane Sautter, von Nagold; *5.10. 1809 ...; *16.9. 1801 Wien, †4.11. 1860 Berg, 59, □6.11. nachm. 3 Uhr im (Alten) Bergfriedhof.

○ *Wirth*, Christian Jakob, früherer Postmeister, Badbesitzer; So von Jakob Friedrich Wirth, Stall Inspektor zu Winnenden, und Eleonore, geb. Miller; ∞ ... Maria Katharine, geb. Fahm, *1.7. 1796 (wohl Winnenden), †14.3. 1851 Cannstatt (jetzt Stuttgart-Bad Cannstatt), Bad auf der Insel, 54, □17.3. 1851 Alter Bergfriedhof.

○ (*Zech*, Julius (J. August Christoph), B. in Maulbronn, Astronom, Gymnasialprofessor der Mathematik und Astronomie in Tübingen; So von Johann Christoph v. Zech, Kriegsrath in Stuttgart, und Henriette Sophie, geb. Gsell; ∞ Ravensburg 1851 Emma, geb. Waggershauser; *24.2. 1821 Stuttgart, †13.7. 1864 Stuttgart-Berg, 43, □15.7. 10 Uhr vormittags in Stuttgart, Fangelsbachfriedhof Abt. 12-4-112,5' – Grab-Nr. 5600. ADB 44,737f, und 45,676; Hd 2,707; 4,485).

○ *Zimmermann*, Philipp Michael, Mahlknecht; So von Friedrich Zimmermann, Mahlknecht in Berg und Catharine, geb. Brast; ∞ ... Anna Maria, geb. Rau, *3.8. 1795 Berg, †5.12. 1825 Berg, 30, □7.12. nachmittags 2–3 Uhr (Alter) Bergfriedhof. **»der erste auf dem neuen Kirchhof«** (Todten-Register vom 1. Jan. 1808 bis 1853).

Gräber nach der Grabfolge, bei denen 1952 noch Grabmale oder Einfassungen erhalten waren

Die fortlaufenden Nummern wurden nach der Lage der Gräber errechnet, wobei die Kindergräber nach dem Raster der Erwachsenengräber berechnet wurden. Die Grabnummern der Reihen von 1–6 (bzw. 7) lagen nördlich des durchgehenden Hauptwegs, die mit den Nummern 7 (bzw. manchmal 8) südlich dieses Wegs. Die Ziffern bezeichnen die Reihe, die Grabnummer in der Reihe und die (berechnete) fortlaufende Grabnummer.

1-3-3	Schäufele, Friedrich, nur Sockel
1-3-4	Köber, Robert, *Arch. Stele 1844*

1-5/6-5/6		Höfer, Adolf, *Wanddenkmal 1872* mit Einfassung
3-2/3-35/36	○	Kreuzdenkmal verwittert
3-6-40	○	Stele roter Sandstein, umgestürzt
3-11-45	○	Pflüger, Ottilie
4-6-57	○	Stele roter Sandstein, umgestürzt,
	○	Einfassung roter Sandstein
4-10-61		(Sayn-Wittgenstein-Hohenstein, Carl Ludwig Graf von, *Obelisk,* jetzt 9-4-140)
5-3-71	○	Stele roter Sandstein, umgestürzt,
	○	Einfassung roter Sandstein
6-3-88	○	Lindemann, Bertha und Anna
6-4-89	○	Denkmal, umgestürzt
7-3-105	○	Denkmal, umgestürzt
8-3-122		Ammermüller Christiana, früher 8-5-124, Stele 1859
8-4-123	○	Geßwein, Christiane
8-5-124		(Ammermüller, Christiana, jetzt 8-3-122)
9-4-140		Sayn-Wittgenstein-Hohenstein, Carl Ludwig Graf von, früher 4-10-61
11-5-175	○	Stele roter Sandstein, mit Efeu überwachsen
13-3-207	○	Hartter, Christiane und Friedrich
13-3-207		*Geyer,* Carl August und Johanne, früher 13-5-209
13-5-209		(Geyer, Carl August und Johanne, jetzt 13-3-207)
14-1-222	○	Dobler, Christoph Gottlieb
14-4/5-225/226	○	Haug Elisabethe und Friedrich und
	○	Koellreutter, Marie, geb. Lotter
14-10-231	○	Kreglinger, Auguste
15-1-239	○	Stele roter Sandstein, umgestürzt
15-2-240	○	Müller, Gottlieb H. und Theresia
15-5-243	○	Stele roter Sandstein, umgestürzt
16-4-159	○	Stele grauer Sandstein, stark beschädigt, Inschrift »our Putzi«
17-1-273	○	König, August und Sophie
17-3-275		Hettler, Anna, Carl und Philipp, *Epitaph von 1711*; früher 17-6-278

17-6-278		(Hettler, Anna, Carl und Philipp, jetzt 17-3-275)
18-2-291	○	Raisch, Christian und Christiane
18-4-293	○	Liegeplatte roter Sandstein, Einlage fehlte
19-2-308	○	Arch. Stele roter Sandstein, umgestürzt
	○	Einfassung roter Sandstein
19-3-309		*Schauber,* Friedrich Ludwig, *großes Denkmal mit Säule, 1794,* früher 23-8/9-382/383
19-6/7-312/313	○	Dauphin, Agathon
	○	Einfassung roter Sandstein mit eisernem Gitter
20-5-328	○	Stele grauer Sandstein, verwittert
20-6-329	○	Stele roter Sandstein, umgestürzt
21-2-342	○	Heinzmann, Ottmar
21-3-343	○	Menninger, Friedrich
21-6-346	○	Schlayer, Caroline
22-2/3-359/360	○	Uhlmann, Johann Georg, Regina und Rosine
22-4-361 }	○	Stele roter Sandstein, umgestürzt
23-4-378 }	○	Einfassung roter Sandstein
23-2-376	○	Kreuzdenkmal roter Sandstein, Postament war erhalten, Kreuz fehlte
23-4-378	○	Doppelgrab mit 22-4-361, s. d.
23-6-380	○	Stele roter Sandstein, umgestürzt
	○	Einfassung roter Sandstein
23-8/9-382/383		(*Schauber,* Friedrich Ludwig, *großes Denkmal mit Säule 1794,* jetzt 19-3-309)
24-4-395	○	Stele grauer Sandstein, umgestürzt
24-5-396	○	Heim, Walburga
24-6-397	○	Einfassung Travertinleisten
25-3-411	○	Kreuzdenkmal, nur Postament erhalten, stark beschädigt, Kreuz fehlte
25-5-413	○	Völlm, Wilhelm
26-4-429	○	Stele mit umgekehrter Fackel, verwittert
26-7/8-432/433	○	Geßwein, Wilhelmine, Adolph und Emil

27-3/5-445/447	*Kuhn*, Gotthilf, Caroline, Anna und Albert
28-4-463	○ Barth, Rosine
29-3/4-479/480	○ Zeller, Peter und Magdalene
29-5-481	○ Stele grauer Sandstein, umgestürzt
29-7-483	○ Liegeplatte grauer Sandstein
30-1/2-494/495	○ Reutter, Christiane
30-3/4-496/497	○ Kreuzdenkmal, Postament grauer Sandstein, durchbrochenes Kreuz aus Gußeisen
30-10/11-503/504	○ Hiller, Konrad und Katharine
30-12/13-505/506	○ Stele grauer Sandstein, Einfassung Travertinleisten
31-7-517	○ Stele roter Sandstein, umgestürzt
	○ Einfassung Travertinleisten (Engelhard, Karl, jetzt 33-3-547)
31-9-519	
31-10-520	○ Stele roter Sandstein, umgestürzt
33-3-547	Engelhard, Karl, früher 31-9-519
33-7-551	○ große Liegeplatte grauer Sandstein
	○ Einfassung grauer Sandstein
33-9-553	○ Stele grauer Sandstein, verwittert
35-1-579	○ Bosse, Friederike von
35-2/3-580/581	○ *Geißler*, Johann Georg und Elisabeth
35-7-585	○ Stele roter Sandstein, umgestürzt
	○ Einfassung roter Sandstein
36-1/2-596/597	○ Schuler, Georg und Friederike
36-3-598	○ Schnell, Wilhelm und Rosine
36-4-599	○ Einfassung roter Sandstein
36-5/6-600/601	○ Stele roter Sandstein, verwittert
	○ Einfassung roter Sandstein
36-8/9-603/604	○ Munde, Bertha, geb. von Hornemann
37-2-614	○ Architektonische Stele grauer Sandstein, umgestürzt
37-3-615	○ Courtin, Albert
37-4-616	○ Architektonische Stele, grauer Sandstein, stark beschädigt
	○ Einfassung Travertinleisten
37-5-617	○ Stele grauer Sandstein, umgestürzt
37-8/9-620/621	(Burghard, Johannes und Adolf, jetzt 41-4-684)
37-10/11-622/623(?)	○ Stele, grauer Sandstein, umgestürzt,

	○ Einfassung Travertinleisten wahrscheinlich *Neuner*, Friedrich, 1885 in den Bergfriedhof umgebettet
38-5-634	○ Stele roter Sandstein, umgestürzt, Einfassung roter Sandstein
38-10/11-639/640	○ Einfassung roter Sandstein
38-13-642	○ Einfassung Travertinbrocken
39-3-649	○ Stele roter Sandstein, umgestürzt
39-5/6-651/652	○ Einfassung roter Sandstein
40-3-666	○ Stele roter Sandstein, umgestürzt
40-5/7-668/670	○ Stele roter Sandstein, umgestürzt
	○ Einfassung roter Sandstein
40-8-671	○ Leuze, Hugo
41-3-683	*Volz,* Heinrich und Marie, früher 41-6/7-686/687
41-4-684	Burghard, Johannes und Adolf, früher 37-8/9-620/621
41-6/7-686/687	(Volz, Heinrich und Marie, jetzt 41-3-683)
41-9-689	○ Härter, Jakob
41-11-691	○ Liegeplatte roter Sandstein
	○ Einfassung Travertinleisten
42-7/8-704/705	○ Hofmann, Erich und Leuze, Johanna
42-9-706	○ Maurer, Johann Michael
43-5-719	○ Wüst, Christiane
43-6/7-720/721	○ Claus, Gottlob
43-8/9-722/723	○ Stele, roter Sandstein, verwittert
	○ Einfassung roter Sandstein
44-2-733	○ Liegeplatte roter Sandstein
	○ Einfassung Travertinleisten
44-7-738	○ Stele roter Sandstein, umgestürzt
44-8-739	○ Stele roter Sandstein, umgestürzt
	○ Einfassung roter Sandstein
45-2-750	○ Kreuzdenkmal: Postament roter Sandstein, verwittert
	○ Kreuz weißer Marmor
45-3-751	○ Schmohl, Paul
45-4-752	○ Schmohl, Wilhelmine
45-5-753	○ Rapp, Emilie
45-6/7-754/755	○ Körner, Karl und Helene
45-8-756	○ Stele Granit, Einlage fehlt
46-8-773	○ Josenhans, Marie
46-9-774	○ Schmohl, Christian

Von Unbekannten wurden 1949 oder 1950 30 Stelen umgeworfen.

Bildhauer sind keine bekannt. Das Grabmal für Christiana Ammermüller, geb. Gabriel, von 1859 hat der Bruder Friedrich Carl August Gabriel, Bauinspektoratsverweser, wohl entworfen und »errichten« lassen. Gabriel ist 1793 in Berg geboren, er starb nach 1859.

Nachschrift

1952 waren noch 104 Grabmale oder Einfassungen im Friedhof erhalten. Davon sind 1984 noch 12 Grabmale – teilweise jedoch nicht mehr auf den einstigen Gräbern – übriggeblieben.

Literatur

Verwaltungsberichte der Stadt Stuttgart. 1881/1884; 1885/88; 1899/1901.

Amtsgrundbuch der Kirchen- und Schulpflege (vormaligen Armenkastenpflege) der Haupt- und Residenzstadt Stuttgart, Stuttgart: 1886, S.108/109.

Die Friedhöfe und das Bestattungswesen der Stadt Stuttgart. Städt. Friedhofamt Stuttgart (Hrsg.) (Verwaltungsdirektor Kachler). Stuttgart: 1929, S.14 und 21.

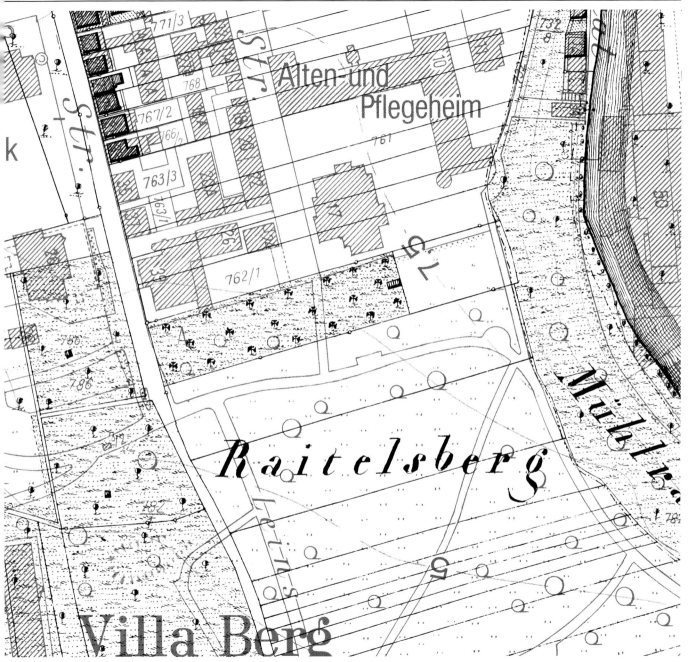

Ehemaliger Bergfriedhof 1:1500 um 1826 und heutige Situation 1986 Graudruck

Kartengrundlage Stadtmessungsamt

Bergfriedhof

7000 Stuttgart 1 (Ost), Hackstraße 84
Friedhof-Kennziffer: 02
Verwaltung: Landeshauptstadt Stuttgart – Friedhofamt (P).

Geschichte des Friedhofs

Frühere Namen

1885 Neuer Friedhof
      Friedhof im Schwarenberg
1891 Schwarenberg-Friedhof
ab 1885 amtlich Bergfriedhof

Verwaltung

1884 Stadt Stuttgart – Friedhofverwaltung (als Teilrechnerin der Stadtpflege)
1884 Oberaufsicht dem Pragfriedhof-Inspektor übertragen
1913 (1. 4.) Stadt Stuttgart – Friedhofamt

Vorgänger

Kirchhof Berg um die heutige Evangelische Berger Kirche, Stuttgart-O, Klotzstr. 21, siehe Kirchhof Berg, angelegt vor 1475, Beerdigungen 1825 eingestellt.

Ehemaliger Bergfriedhof im Raitelsberg (Alter Bergfriedhof), 1825–1884/1901, seit 1951 zum Park der Villa Berg, siehe Ehemaliger Bergfriedhof.

Anlage des Friedhofs

Vor 1873 und 1881/1882 Grunderwerbungen durch die Stadt Stuttgart (Kosten in diesen beiden Jahren 35 329 Mk) im Gewann Schwarenberg (das Gewann wurde erstmals 1348 urkundlich genannt als Swariberg – »des *waren* berc« – vom Personennamen *war*).
Dölker, Helmut: Flurnamen der Stadt Stuttgart. 1933. [2]1982 Nr. 756.

1884 Anlage des ersten Friedhofteils entlang des einstigen Feldwegs Nr. 180 von Gablenberg nach Berg und Stuttgart (Kosten 4976 Mk).
Plan des ältesten Friedhofteils Maßstab 1:500 von Friedhofinspektor und Geometer Wilhelm Locher im Februar 1884.

Erweiterungen

1891, 1892, 1894 gegen Westen Abteilungen 5 (teilweise), 6, 7, 8 und 9 nach dem abgeänderten Plan von Wilhelm Locher vom August 1884.
1896 Kauf des Anwesens Metzstraße 00 (der südliche Teil der Metzstraße ab der Kreuzung Sickstraße wurde vor einigen Jahren in Werderstraße umbenannt, das Gebäude 00 würde, wenn es nicht abgebrochen worden wäre, heute zur Hackstraße zählen) von »Steinhauer und Grabsteingeschäft« Gottlieb Gänzle (nicht Gänßle), das östlich an den Feldweg Nr. 180 angrenzte.
Gesamtplan für den Bergfriedhof mit Belagsgrenzen und Abständen der Grabfelder von den Baulinien gegen Ostend- und Rotenbergstraße von 22 m, gegen die Landhausstraße von 33 m und Abständen für die geplanten Wohnhäuser von 50 m von Wilhelm *Locher* Maßstab 1:1000 vom 18. März 1893 (Beschluß der zuständigen Abteilung des Gemeinderats vom 8. November 1894 § 162, in Kraft getreten am 1. Mai 1895).
Daraus von Locher im April 1896 zwei Projekte A und B mit 19 Abteilungen entwickelt, nachdem 1896 der Kirchenbauplatz für Ostheim (Lukaskirche) aus dem Erweiterungsgelände des Friedhofs mit etwa 45 a verkauft worden war. Die Abteilung des Gemeinderats für die Verwaltung des Begräbniswesens und der Friedhöfe beschloß am 21. Mai 1896 § 85 und genehmigte auf Grund der neuen Lage nun das

Projekt B von Locher für die Gesamtanlage des Bergfriedhofs. 1897 Erweiterung um den Feldweg 180 und gegen die Ostendstraße Abteilungen 3 (neu) und 18 (teilweise), Kosten 1294 Mk.

1901 Erweiterung des Friedhofs nach Westen (Abteilungen 10–14), Bretterzäune teilweise versetzt und 200 m neue Bretterzäune (Kosten 1912 Mk). Die Abteilung des Gemeinderats für die Verwaltung des Begräbniswesens und der Friedhöfe beschloß am 16. März 1906 § 65, bei Beerdigungen künftig einen Abstand von 50 m, vom Ostheimer Schulhaus an gerechnet, einzuhalten. Das Kgl. Ministerium des Innern hatte bei der Genehmigung eines Anbaus für diese Schule am 12. 10. 1905 bestimmt, »daß die Belagsgrenze des Friedhofs mindestens 25–30 m vom Neubau entfernt zu bleiben hat«. Der obige Beschluß und die Bestimmung der Belagsgrenze wurden später nicht mehr eingehalten.

Zur Sitzung der Friedhofabteilung des Gemeinderats am 15. Januar 1912 hatte die Gartendirektion vorgeschlagen, entlang der Rotenbergstraße und dem Friedhof eine 40 m tiefe Fläche (Abteilungen 3 [alt], 6, 9 und 20) für Bauzwecke frei zu lassen. Da weitere Belagsfläche benötigt wurde, beschloß die Gewerbekommission des Gemeinderats am 6. Mai 1912 § 361 zunächst nur die bisher von der Straßenbaudirektion verwendete Abt. 12 für Gräber zu verwenden, die vom Gartenbauamt vorgeschlagene Maßnahme an der Rotenbergstraße späterer Beschlußfassung vorzubehalten, die vorgesehenen Abteilungen 15 und 16 für einen Zentralschulgarten zu reservieren und die Abteilung 18 für einen später anzulegenden Urnenhain vorzusehen.

Der Vorplatz an der Hackstraße wurde 1902 mit 31 Silberahorn-Bäumen bepflanzt. Die Anwesen der Gärtnereigebäude Ostendstraße 30 und 32 mit 3 a 13 qm Fläche wurden 1950 zum Friedhof gezogen. So konnte die Abteilung 19 neu angelegt werden.

Anderweitige Verwendung von geplanten oder angelegten Friedhofflächen

1896 wurden vom Erweiterungsgelände des Friedhofs etwa 45 a als Kirchenbauplatz für Ostheim (Lukaskirche) verkauft. 1919 bis 1921 wurden entlang der Rotenbergstraße auf noch nicht benütztem Friedhofgelände südlich des Friedhofs die städtischen Wohnhäuser (Wohnsiedlung Rotenbergstraße) Rotenbergstraße 55 bis 81 B mit 23 Gebäuden und 141 Wohnungen erbaut. Deshalb entfielen im Bergfriedhof die dort vorgesehenen Grababteilungen 3 (alt), 6, 9 und 20 mit einer Gesamtfläche von etwa 90 a 50 qm.

Die ehemals vorgesehenen Abteilungen 15 und 16 auf der westlich gelegenen Parzelle 928 in einem Baumgarten mit 44 a 72 qm Fläche waren schon früher vom Liegenschaftsamt verpachtet worden. Sie wurden für den Neubau der Realschule Ostheim, Landhausstraße 117, verwendet.

Gärtnerische Anlage (R. Lachenmaier)

Die leicht nach Süden abfallende architektonische Friedhofsanlage wird unterstrichen durch eine kreuzförmige Kastanien- und Lindenallee. Die sicherlich früher geplante konsequente Weiterführung der Queralle bis zur Rotenbergstraße ist durch die dort entstandene Wohnbebauung leider unterblieben.

Die Situierung des Haupteinganges des Friedhofes an der Hackstraße, mit dem durch Baumbepflanzung (heute Linden) gut gegliederten Vorplatz, ist bis heute ein nicht wegzudenkender Bereich zur Einstimmung des Friedhofsbesuchers.

Der innere Eingangsraum, der bis zur Zerstörung im Zweiten Weltkrieg Standort der Friedhofskapelle (bis 1886 auf dem Hoppenlauffriedhof) war, ist jetzt eingegrünt und als einzige zusammenhängende Grünfläche als Verweilplatz gestaltet. Den Platz umrahmen wohltuend alte und neue Baum- und Gehölzbestände. Einige der großen Kastanien und Linden stammen wohl noch aus der Zeit der Anlage dieses Friedhofs.

Auch der an der Ostendstraße angrenzende Urnenhain weist einen schönen Baumbestand auf. Die zum Teil noch vorhandenen Birkenreihen unterstützen die hainartige Wirkung.

Die Gräber sind als Einzel- und Doppelgräber weitestgehend in der Grundrichtung Ost–West (Kopf–Fuß), reihenartig aneinanderstoßend, angeordnet.

Der Baumbestand in den Gräberfeldern ist durch Kriegseinwirkung ziemlich dezimiert worden. Gegenwärtig ist er fast etwas dürftig; er entspricht nicht den hier zu stellenden Anforderungen.

Die Bemühungen, in rückfallenden Gräbern Neupflanzungen vorzunehmen, sollten fortgesetzt werden. Von einer

Dienst- und Wohngebäude des Bergfriedhofs mit Eingangsportal, 1903–1904 erbaut

weiteren Verdichtung mit Gräbern, auch um den Charakter des Friedhofes zu bewahren, ist abzuraten.

Nach Norden und Westen wird der Friedhof – anstelle des ursprünglich dort vorhandenen Holzzaunes – durch eine geschnittene immergrüne Hecke begrenzt. Wünschenswert wäre auch hier, nachdem die Bebauung dort auch verdichtet worden ist, eine kräftigere Ab- und Grenzpflanzung des Friedhofs. Die Schaffung einer Freiaussegnungshalle, neben dem im Ostteil gelegenen Leichenhaus, hat zu einem entsprechenden und angemessenen Bereich des Abschieds geführt. Friedhöfe werden entscheidend durch die Art der Grabgestaltung geprägt und haben dadurch ihren eigenen Typus. Im Bergfriedhof wird der Charakter der Anlage besonders durch die in sich gewachsene, traditionell weiterentwickelte Grabpflanzung und Grabpflege besonders betont. Ein schönes, ausgewogenes und ansprechendes Friedhofsbild ist über Generationen hinweg das Ergebnis. Die Gestaltung der Grabmale hat in dieser Entwicklung nicht den gleichen Stellenwert erreicht.

Tor des Bergfriedhofs von außen

Leichenhaus im Bergfriedhof, erbaut 1900/1901

Die Friedhofanlage und Grabfelderschließung haben in den vergangenen Jahren wertvolle Verbesserungen erfahren. Neben der Pflege des grünen und blühenden Grabes kommt der Pflege und Erhaltung der Grünsubstanz eine wesentliche Bedeutung zu.

Hochbauten

Hackstraße 84: Dienst- und Wohngebäude, 1½ stockig, mit offener Vorhalle, Mansardzeltdach und Dachläden. Pläne und Bauleitung Bauinspektor Albert *Pantle,* Hochbauamt. 1903 bis 1904 erbaut, 1944 Teilschaden 15 %, Wiederaufbau hauptsächlich 1950/51 und 1953/55, Kosten 9465 DM. 1967 Bad eingebaut. Bedürfnisanstalt und Waschküche, 1stockiger Anbau, 1903 bis 1904 erbaut, Gesamtkosten mit dem Hauptbau 19 489 Mk; 1927 vergrößert.

Hackstraße 84/1: °Schuppen, 1stockig mit Satteldach, 1944 bei Fliegerangriff zerstört, Reste 1952 entfernt.

Hackstraße 84/2: °*Kapelle,* 1stockig mit 2 sich kreuzenden Satteldächern, 1839 im Hoppenlaufriedhof erbaut, 1886 (nicht 1884) dort abgebrochen und hier wieder aufgebaut, 1944 ausgebrannt, die Umfassungsmauern wurden 1947 abgebrochen und im Uffkirchhof verwendet. Die brauchbaren Werksteine der Fundamente dienten zur Instandsetzung der Oswaldkirche, Stuttgart-Weilimdorf, Ditzinger Straße 1.

Hackstraße 84/3: *Leichenhaus,* 1stockig, mit Untergeschoß, Satteldach mit Dachreiter und Vorhalle, roter Maulbronner Sandstein, Pläne und Bauleitung Bauinspektor Albert *Pantle,* Hochbauamt, Baubeginn Herbst 1900, Gebäude übernommen am 12. Juli 1901, Baukosten 11 638 Mk, 1944 Teilschaden 20 %, Wiederaufbau hauptsächlich 1946, 1950–1952, Kosten 12 812 Mk.

Hackstraße 84/4 (?): *Friedhofhalle,* 1stockig, Städt. Hochbauamt, 1979–1981 erbaut, erste Bestattungsfeier darin 22. April 1981.

Metzstraße 00 (s. S. 54). Kauf des 1891 erbauten °Wohnhauses mit Grundstück von Gottlieb Gänzle, Steinhauer und Grabsteingeschäft im Jahr 1896. Der Friedhof wurde dadurch um 69 a 75 qm vergrößert. Das Wohnhaus stand im nördlichen Teil der heutigen Abteilung 18 (früher 17), es wurde als provisorisches Dienstgebäude bis 1904 verwendet und dann abgebrochen.

Ostendstraße 34: Gerätehaus, 1stockig, mit ungleichmäßi-

Friedhof Abt. 3 von Osten

gem Satteldach. Städt. Hochbauamt, 1952 bis 1954 erbaut, 15. Juni 1954 bezugsfertig. Kosten 11 265 DM.

Ecke Hack- und Ostendstraße Transformatorenstation der Technischen Werke der Stadt Stuttgart, erbaut September bis November 1953.

Tore und Einfriedigungen

Mauern und Bretterzäune 1892, 1894 erstellt; gegen die Ostendstraße 1897 (Kosten 1294 Mk). 1901 Bretterzäune für die Erweiterung nach Westen versetzt, 200 m neue Bretterzäune errichtet.

Die Mauern gegen die Ostend- und Rotenbergstraße wurden 1944 stark beschädigt und teilweise zerstört. Ihr Wiederaufbau kostete 1950 8063 DM. Die Bretterzäune an den nördlichen, westlichen und südlichen Seiten wurden 1944 fast vollständig zerstört. Ihr Ersatz durch Maschendrahtzäune kostete 1949 bis 1952 5619 DM.

Benachbarte Bauten und Anlagen

Rotenbergstraße 55–81 B: Städtische *Wohnkolonie Rotenbergstraße*, 1919 bis 1921 erbaut auf Friedhoferweiterungsgelände, 23 Gebäude mit 141 Wohnungen. 10 Häuser 1944 zerstört, 1949 bis 1952 wiederaufgebaut.

Landhausstraße 151: Ev. *Lukaskirche* mit 60 m hohem Turm, Architekten Wittmann & Stahl, erbaut 1897 bis 1899 auf Friedhoferweiterungsgelände, 19. März 1899 eingeweiht. Baukosten mit Einrichtung 308 000 Mk.

Landhausstraße 115: *Grundschule Ostheim*, Entwurf und Ausführung Stadtbauinspektor Albert *Pantle*, Hochbauamt, unter der Oberleitung von Stadtbaurat *Mayer*, erbaut 1901 bis 1903, Baukosten etwa 325 000 Mk.

Landhausstraße 117: *Realschule Ostheim* (erbaut als Mädchenmittelschule Ostheim), erbaut Juli 1953 bis 18. Juli 1955, Architekt Professor Johannes *Schöpfer*.

Hackstraße 60: *Diakonissenmutterhaus* der Olgaschwestern in Stuttgart e. V.

Bestattungsbezirk

Früher

1885 Bewohner der Vorstadt Berg und der Häuser der Stöckachgegend von der Sickstraße an abwärts. 1893 dazu Ostheim (erste Bauten hier 1892 begonnen). 1897 durch Beschluß des Gemeinderates vom 7. Januar 1897 ausgedehnt bis zur Achse der geplanten Wielandstraße, die an der Stelle des heutigen Zeppelin-Gymnasiums von der Neckarstraße zur Cannstatter Straße führen sollte, und mit der Werastraße bis hinter die Friedenskirche.

Heute

teilweise entlang der Grenze des *Stadtbezirks Stuttgart-Ost* und der Grenze gegen Bad Cannstatt und teilweise Trennlinie gegen die Bestattungsbezirke *Gaisburg* und *Gablenberg*:
Westliches Neckarufer zwischen König-Karls-Brücke und Gaisburger Brücke
Talstraße zwischen Gaisburger Brücke und Rotenbergstraße
Rotenbergstraße zwischen Tal- und Boslerstraße
Hackstraße zwischen Rotenberg- und Abelsbergstraße
Abelsbergstraße zwischen Hack- und Landhausstraße
Talstraße zwischen Landhaus- und Ostendstraße

Wagenburgstraße zwischen Ostendstraße – Wagenburgtunnel (ohne nördlichen Bogen der Straße) – Gerokstraße
weiterhin entlang der Grenze des Stadtbezirks Stuttgart-Ost und der Grenze gegen die Stadtbezirke Mitte, Nord und Bad Cannstatt: Gerokstraße zwischen Wagenburg- und Haußmannstraße
Haußmannstraße zwischen Gerokstraße und Urachplatz
Schubartstraße (Staffel) zwischen Urachplatz und Werastraße
Werastraße zwischen Schubart- und Nikolausstraße
Heilmannstraße
Cannstatter Straße zwischen Straße Am Neckartor und Wolframstraße
Eisenbahndamm nördlich des Unteren Schloßgartens zwischen Wolfram- und Ehmannstraße
Grenze Unterer Schloßgarten / Rosensteinpark zwischen Ehmann- und Neckartalstraße, dann bis zum Kraftwerk an der König-Karls-Brücke.

Gräber

Größe des Friedhofs (einschließlich Gebäuden, Einfriedigung, Wegen, Anlagen)

Jahr	Fläche der für den Friedhof angelegten Teile			für den Friedhof vorgesehene Gesamtfläche		
	ha	ar	qm	ha	ar	qm
1873	–	–	–	–	11	57
1885[1]	–	ca. 20	–	1	89	84
1888	–	ca. 20	–	1	89	84
1898[2]	ca. 1	–	–	1	48	50
1899[3][4]	ca. 2	2	78	3	83	–
1913[5]	1	85	44	1	85	44
1928[5]	1	85	44	1	85	44
1949 und 1.1.1950	2	2	72	2	2	72
1951 und 1.1.1953	2	5	85	2	5	85
1980	2	4	2	2	4	2

Anmerkungen:
1) Angelegt waren Teile der Abteilungen 1, 2 und 5.
2) Nach mehrfachen Erweiterungen.
3) Dazu: Bauplatz Lukaskirche 45 ar, Baumgarten-Parzelle 928 = 44 ar 72 qm, spätere Siedlung Rotenbergstraße etwa 90 ar 50 qm.
4) Ohne spätere Wohnsiedlung Rotenbergstraße.
5) Die Flächen für 1913 und 1928 sind zu nieder angegeben. Ab 1913 ist die Baumgarten-Parzelle 928 nicht mehr in der Gesamtfläche enthalten.

Anzahl der Grabstätten

Tag	Erwach-senen-	Kinder-	Urnen-gräber	Gesamt-zahl	Durchschnitt-liche Fläche für 1 Grab
15.6.1954	2941	132	497	3570	5,77 qm

Bestattungen

Zeitraum	=Jahre	Erwachsene Erdbest.	Urnen-beis.	Kinder Erdbest.	Urnen-beis.	Summe	Gesamt-summe seit Bestehen des Fried-hofs
1885–1890	6	224	–	486	–	710	710
1891–1900	10	717	–	1582	–	2299	3009
1901–1910	10	1120	3	1927	–	3050	6059
1911–1920	10	1442	58	1242	1	2743	8802
1921–1930	10	1492	312	713	4	2521	11323
1931–1940	10	921	747	112	6	1786	13109
1941–1944	4	369	311	38	4	722	13831
1945–1950	6	549	271	53	–	873	14704
1951–1960	10	977	799	25	–	1801	16505
1961–1970	10	1213	820	27	–	2060	18565
1971–1980	10	992	959	6	–	1957	20522
1981–1985	5	470	446	1	–	917	21439
1885–1985	101	10486	4726	6212	15	21439	21439

Anmerkung: Alle Beisetzungen wurden gezählt. Spätere Umbettungen in andere Friedhöfe wurden nicht ermittelt. Band I des Beerdigungsregisters wurde mindestens für einige Monate des Jahres 1885 nachträglich angelegt. Es enthält nicht alle Beerdigungen, z.B. fehlt die Beisetzung von Gottlieb Bitzer, der als erster Verstorbener am 2.1.1885 mittags um 12 Uhr beigesetzt wurde.

Zwei Verstorbene, die im Bergfriedhof beigesetzt wurden, haben ein sehr hohes Alter erreicht:

Orthuber, Theresia Barbara, geb. Starz, *7.6.1882 Würzburg, †8.4.1986 Stuttgart, 103 Jahre 10 Monate alt, ⚭ 1908 Stötteritz bei Leipzig (jetzt Leipzig-Stötteritz) Franz Xaver Orthuber, Stellmacher, Wagnermeister (*2.4.1881, †28.8.1956, 75). Abt. 5-4-10 -02-888
Arch. Stele auf Sockel Marmor, 1957

Berthold, Karl, Versicherungskaufmann, *26.9.1880 Leutershausen, BA Ansbach, Mittelfranken, †22.11.198? Stuttgart, 102 Jahre 2 Monate alt, ⚭ 1910 Lauffen am Neckar Friederike Luise geb. Ablass (1887–1978). Abt. 3-2-11 -02-5492
Stele rötlich geflammt, um 1979

Der erste Verstorbene, der feuerbestattet worden war wurde 1906 im Bergfriedhof beigesetzt.

Beerdigungsregister

Band I	1885–1921
Band II	1922–1959
Band III	1960–1982
Band IV	1983–

Erste Gräber

Abt. 1 – wohl Reihe 1; Grab nicht bekannt.

○ *Bitzer*, Gottlieb, Schneidermeister; So von Christian Bitzer, B. in Walddorf, OA Nagold, und Jakobine, geb. Kirn; ⚭ Stuttgart. 1882 Johanna Genofeva Schebecek geb. Hartl, *22.8.1856 Augsburg. *14.6.1856 Walddorf, OA Nagold (jetzt Altensteig-Walddorf, Lkr. Calw). †31.12.1884 Stuttgart-Berg, vormittags 8¼ Uhr, 28, als **erster im Bergfriedhof** am 2. Januar 1885 nachmittags 2 Uhr *beerdigt*.
»Aus Anlaß dieser Beerdigung wurde der neue Bergfriedhof eingeweiht«.
Die Grabrede hielt Pfarrer Kohler. Todten-Register Berg vom Januar 1854–1908. Es ist möglich, daß zwischen dem 2. Januar und dem 21. Januar 1885 weitere Beerdigungen stattfanden, die im Beerdigungsregister Band I nicht aufgeführt wurden.

Abt. 1-13-14 – Grab-Nr. 02-196

○ *Mailänder*, Johann Caspar, Bäcker, ledig, *1864 (errechnet) Schnaitheim, OA Heidenheim (jetzt Heidenheim-Schnaitheim), †19.1.1885 Stuttgart-Berg, 20, ◻21. Januar 1885, zweite (?) Beerdigung.

Abt. 1-8-12 – Grab-Nr. 02-91a

○ *Waitzmann*, Antonie Friedrike Karoline, Tochter von Johannes (J. Xaver) Waitzmann, Musiker, Polizeisoldat, und Marie geb. Reichert, *4. 1. 1883 Stuttgart, †22. 1. 1883 Stuttgart, 18 Tage, ☐24. Januar 1885, dritte (?) Beerdigung

Abt. 1-13-15 – Grab-Nr. 02-197.

Barth, Wilhelm, Kutscher, *1845 Königsbronn, OA Heidenheim, †1. 2. 1885 Stuttgart, 39, ☐3. Februar 1885, vierte (?) Beerdigung.

Abt. 1-15-6 – Grab-Nr. 02-238

Martin, Philipp (Leopold), Naturforscher, Präparator, *5. 11. 1815 Gnadenberg, Kr. Bunzlau, †7. 3. 1885 Stuttgart, 69, ☐10. März 1885, **ältestes erhaltenes Grab.**

Ehrenmale

1) Abt. 1 – ohne Reihenbezeichnung – Grab 02-242-**Kriegsgrab** (Kriegsgräberliste laufende Nr. 5-17).

Ehrenmal für Soldaten 1914–1918, die hier beerdigt wurden.

Stehender **Felsen aus Granit,** um 1922, Inschrift auf der Vorderseite mit aufgesetzten Metallbuchstaben: »Dem Andenken der Gefallenen 1914–1918...«

Disch, Otto, Infanterieregiment 125, *23. 4. 1893, †19. 6. 1915, 22.

Ehnis, Karl, Ersatz-Reservist, Ersatz-Reserve-Infanterie-Reg. 126, *7. 1. 1887, †16. 10. 1914, 27.

Gaiser, Wilhelm, Hausdiener, Landsturmmann, Ersatz-Batl. Reserve-Inf.-Reg. 246, *26. 3. 1891 Degerschlacht, OA Tübingen, †25. 11. 1917 Stuttgart, 26.

Gengenbach, Jakob, Taglöhner, Landwehrmann, 1. Komp., Inf. Bataillon 2, *6. 2. 1879 Kapfenhardt, OA Neuenbürg, †22. 5. 1915 Stuttgart, beim Botnanger Sattel, 36.

Hauser, Paul, Landsturm-Rekrut, *24. 1. 1896, †20. 5. 1915, 19.

Lachenmayer, Albert Gottlob, Buchdrucker, Landwehrmann, 1. Ersatz-Grenadier-Regiment Königin Olga Nr. 119, *20. 4. 1873 Oßweil, OA Ludwigsburg, †8. 8. 1914 Stuttgart, 41.

Rodewald, Werner, Kaufmann, Ersatz-Reservist, Ersatz-Bataillon Infanterie-Regiment 120, 1. Kompanie, *5. 8. 1892 Kiel, †19. 11. 1914 Stuttgart, 22, 1947 hierher umgebettet.

Ehrenmal für 13 Soldaten aus dem Ersten Weltkrieg

Sennheim, Johannes Georg, Friseur, Flieger, 4. Fliegerersatz-Kompanie Abteilung 10 Böblingen, *29. 12. 1899 Saarburg/Lothringen, †2. 5. 1918 Stuttgart, 18.

Sturm, Josef Friedrich, Unteroffizier der 8. Kompanie, Ersatz-Bataillon Grenadier-Regiment 49, *15. 4. 1891 Stuttgart, †22. 7. 1918 Fismes, 27.

Süpfle, Karl, Militär-Krankenwärter Lazarett 3, *3. 11. 1888, †9. 8. 1914 Stuttgart, 25.

Textor, Karl, Sanitätsunteroffizier, Infanterie-Regiment 136, *31. 3. 1889, †11. 7. 1917, 28, am 19. 4. 1947 hierher umgebettet.

Unkauf, Albert, Flaschner, Grenadier, 6. Kompagnie, Ersatz-Bataillon Grenadier-Regiment 119, * 7. 8. 1892 Oßweil, OA Ludwigsburg, † 12. 10. 1914 Stuttgart-Berg, 22.

Vogt, Gustav, Tapezier, Kriegsfreiwilliger, 1. Ersatz-Kompagnie, Infanterie-Regiment 125, * 3. 6. 1889 Basel, † 26. 10. 1914 Stuttgart, Große Infanterie-Kaserne, 25. Zusammen sind 13 Soldaten in dem Grab beigesetzt.

2) Abt. 1 – ohne Reihen- und Grabbezeichnung – östlich von 1)

Ehrenmal für die Gefallenen des Vereins für Leibesübungen (VfL) 1914–1918 und 1939–1945

Ehrenmal für die Gefallenen des VfL (Verein für Leibesübungen) **1914–1918 und 1939–1945,** um 1923.

Der »Verein für Leibesübungen« erstellte dieses Denkmal um 1923 auf seinem Spielplatz am Neckar. Anläßlich der Kanalisation des Neckars verlor der Verein diesen Platz. Das Denkmal wurde deshalb 1928 hierher in den Bergfriedhof versetzt.

Stehender **Felsen aus Granit** mit 2 eingelassenen Metallplatten, mit aufgesetztem Stahlhelm.

Obere 1. ovale Platte mit Stahlhelm und Inschrift:

»Unseren gefallenen Mitgliedern
(Namen von 79 Gefallenen
Aldinger ... Weiss, Karl)
V.f.L. 1914–1918«,

darunter die 2. Platte, viereckig:

»Weltkrieg 1939–1945«.

3) Abt. 7-8-12/14 – Grab-Nr. 02-1729/1731
Abt. 7-9-12/14 – Grab-Nr. 02-1743/1745
Abt. 7-10-12/13 – Grab-Nr. 02-1757/1758
Abt. 7-11-12/13 – Grab-Nr. 02-1770/1771.

Ehrenmal für Gefallene 1945

(siehe Kriegsgräberliste laufende Nr. 18–43).

Die aufgeführten Gräber mit ihren Grabmalen wurden durch eine Fliegerbombe 1944 zerstört. Im Bombentrichter wurden im April 1945 kurz nach dem Einmarsch der französischen Truppen auf Anordnung der französischen Militärregierung 11 Soldaten, Reichsarbeitsdienst- und Volkssturmmänner, 8 Zivilisten und 6 unbekannte Russen = 25 Personen beigesetzt.

Ehrenmal: Lebensgroßer **trauernder Mann** mit erhobenem linken Arm, 1961 von Bildhauer **Joseph Frey** gestaltet, und **5 stehende Grabmale** (Stelen) in Stein.

1. Grabstein links (östlich) vom Denkmal:

Effinger, Otto (Martin), Kaufmann, * 25. 2. 1898 Haunstetten, BA Augsburg, † 21. 4. 1945 Stuttgart-Berg, 47, ☐ 23. 4. 1945.

Koster (Köster?), Karl, Obergefreiter, * 16. 1. 1919, † April 1945 Stuttgart, 26, ☐ 23. 4. 1945 (?).

Heller, Franz, Weingärtner, Schütze, * 2. 10. 1901 Harthausen, OA Mergentheim, †25.4. 1945 Stuttgart-Berg, 43, ▫27.4. 1945.

Maile, Wilhelm, Lagerverwalter, *13.9. 1874 Fellbach, OA Cannstatt, †23.4. 1945 Stuttgart-Berg, 70, ▫23.4. 1945.

Tomoskery, Josef, Soldat, *18.12. 1923 Owen, OA Kirchheim/Teck, †April 1945 Stuttgart, 21, ▫23.4. 1945 (?).

Ehrenmal 1945. Trauernder Mann von Bildhauer Joseph Frey 1961

2. Grabstein rechts (westlich) vom Denkmal:

Ganter, Karl, Monteur, *26.3. 1894 Mariazell, OA Rottweil, †21.4. 1945 Stuttgart-Berg, 51, ▫22.4. 1945.

Weissenberger, Hermann, Stickereibesitzer, *29.11. 1894 Stühlingen, Kr. Bonndorf/Baden, †22.4. 1945 Stuttgart-Berg, 50, ▫23.4. 1945.

Staib, Oskar (Hans), Volksschulrektor, Oberzahlmeister, *27.4. 1900 Hessigheim, OA Besigheim, †21.4. 1945 Stuttgart-Gaisburg, 44, ▫23.4. 1945.

Feil, Fritz, Bauarbeiter, *15.12. 1887 Albershausen, OA

Göppingen, †21.4. 1945 Stuttgart-Bad Cannstatt, 57, □23.4. 1945.

Steuer, Werner (Rudolf), Dentist, Sanitäts-Obergefreiter, *13.5. 1917 Stuttgart, †21.4. 1945 Stuttgart-Berg, 27, □23.4. 1945.

3. Grabstein rechts (westlich) vom Denkmal:

Schweikert, Paul, Kontrollarbeiter, *17.5. 1890 Heidenheim an der Brenz, †26.4. 1945 Stuttgart-Gablenberg, 54, □27.4. 1945.

Weber, Josef (Adam), Küfer, Unteroffizier, *15.3. 1915 (nicht 1919) Grombach, AB Sinsheim, †21.4. 1945 Stuttgart, 30, □23.4. 1945.

Dobritz, Karl, Maschinenschlosser, Gefreiter, *22.10. 1897 Coswig/Anhalt, Kr. Zerbst, †20.4. 1945 Stuttgart, 47, □23.4. 1945 (?).

Blehrental (Behrendahl (?)), Johannes, Obergefreiter, *25.1. 1913 (Geburtsort nicht bekannt), †April 1945, Stuttgart, 32, □Tag nicht bekannt.

4. Grabstein rechts (westlich) vom Denkmal:

Welte, Andreas, Städtischer Arbeiter, *29.1. 1902 Erlaheim, OA Balingen, †21.4. 1945 Stuttgart-Berg, 43, □23.4. 1945.

Gemmi, Wilhelm (Gustav Karl), Schlosser, Gefreiter, *23.4. 1909 (nicht 1900) Heilbronn a.N., †21.4. 1945 Stuttgart-Berg, 35, □23.4. 1945.

Zausch, Gottfried, Straßenbaulehrling, Vormann beim Reichsarbeitsdienst, *16.2. 1927 Trier, † 21.4. 1945 Stuttgart, 18, □23.4. 1945.

Sauter, Eugen, Hilfsarbeiter, Unteroffizier, *27.12. 1906 (nicht 1908) Oberdigisheim, OA Balingen, †21.4. 1945 Stuttgart-Berg, 38, □23.4. 1945.

Dziatach (nicht Dziallach), Konrad (Walenty), Fördermann, Oberfahrer, *13.2. 1901 Koztowej-Gorze, Polen (?), †21.4. 1945 Stuttgart-Berg, 44, □23.4. 1945.

5. Grabstein rechts (westlich) vom Denkmal:

»Sechs unbekannte Russen« = russische Zivilarbeiter ohne Altersangabe, † April 1945 Stuttgart-Berg, Raitelsbergschule, □23.4. 1945.

Kreuzdenkmal für die Grabstätte der Olgaschwestern in Abteilung 2

Größere Grabanlagen

1) Abt. 12:
Kreuz mit Sockel, Granit
Inschrift:
»Ruhestätte der **Olgaschwestern**«
24 Grabmale

2) Abt. 13:
Kreuz mit Sockel, Granit
Inschrift:
»Ruhestätte der **Olgaschwestern** Röm. 14.8.«
(Leben wir, so leben wir dem Herrn; sterben wir, so sterben wir dem Herrn. Darum, wir leben oder sterben, so sind wir des Herrn.)
14 Liegeplatten

Gräber bekannter Persönlichkeiten und mit künstlerisch wertvollen Grabmalen

(Stand 1. Oktober 1986)

Abt. 8-14-3/6 – Grab-Nr. 02-2126/2129

○ *Behringer,* Christoph (Georg Gottlob), Werkmeister, Baumeister, *2.7. 1862 Nördlingen, *23.5. 1902 Stuttgart, 39.

○ *Behringer,* Christoph Karl, Leutnant, Sohn von Christoph B., ledig, *6.12. 1894 Stuttgart, gefallen 1.3. 1916 in den Kämpfen an der Yser in Belgien, 21.

○ *Großes* **Wanddenkmal** aus rotem Sandstein mit **Plastiken** und Mosaikeinlagen, **Jugendstil,** auf tiefem Fundament, Juli 1903 von Werkmeister Karl Behringer erstellt.

Abt. 8-12-15/16 – Grab-Nr. 2093/2094

Behringer, Karl (K. Friedrich), Werkmeister, Baumeister, Br. von Christoph B., *12.9. 1864 Nördlingen, BA Nördlingen (jetzt Lkr. Donau-Ries), †11.1. 1916 Stuttgart, 52.
Felsen aus Granit mit 2 Einlagen aus Metall.

Abt. 18-22-3 – Grab-Nr. 02-6352

Birkert, Emil, Redakteur i. R., früherer Vorsitzender des Touristenvereins »Die Naturfreunde« e. V., Landesverband Württemberg, *14.8. 1895 Stuttgart, †14.3. 1985 Ostfildern(-Ruit), 89.
Stele Vs geschliffen.

Abt. 1-4-10 – Grab-Nr. 02-41

Broesamlen (Brösamlen), Ernst (Ludwig), Oberlehrer, Kirchlicher Musikdirektor, Heimatforscher; über 60 Jahre in Stuttgart-Berg wohnend (zuletzt Stuttgart-Ost, Neckarstraße 215B), 38 Jahre Leiter des Kirchenchors, 25 Jahre bis Ende 1937 Organist der Ev. Kirche Berg, *25.7. 1869 (nicht 1859) Kirchberg an der Murr, OA Marbach (jetzt Rems-Murr-Kreis), Sohn von Jacob B. und Luise, geb. Steidle, †25.4. 1940 Stuttgart, 70.
Verfasser des Heimatbuches **»Das schöne Stuttgart-Berg«,** Stuttgart, 1939.

Ernst Broesamlen, Oberlehrer, Musikdirektor, Heimatforscher (1869–1940). Ausschnitt aus einem Klassenbild 1917 oder 1918

Hd 8, 317 (mit falschem Geburtsdatum); SchwM 1940, Nr. 98,5 und Nr. 101,5.

Broesamlen, (Karoline) Friederike (nach dem Grabmal: Frieda), geb. Walz, seit 1899 Frau von Ernst B.; Tochter von Friedrich Walz, Holz- und Kohlenhändler in Stuttgart-Berg, und Karoline geb. Bäumle, *26.2. 1879 Stuttgart-Berg, †11.5. 1965, 86.

Broesamlen, Jacob, Schulmeister, Oberlehrer; Sohn von Jakob Friedrich David B., Bäcker in Hildrizhausen, und Christine Katharine, geb. Wolpold, *6.8. 1827 Hildrizhausen, OA Böblingen (jetzt Lkr. B.), †24.8. 1902 Stuttgart-Berg, 75.

Broesamlen, Louise (Magdalene), geb. Steidle, seit 1862 Frau von Jacob B.; Tochter von Christian Ludwig St., Hirschwirt, und Christine Magdalene, geb. Pfahler,

Kreuzdenkmal für die Familien Jacob und Ernst Broesamlen

Eisenkreuz auf Granitpostament für Badbesitzer Ernst Burghard (1841–1921)

* 19. 1. 1836 Kirchberg an der Murr, OA Marbach (jetzt Rems-Murr-Kreis), † 3. 3. 1887 Stuttgart, 51.
Kreuzdenkmal auf Sockel aus Granit, Einfassung Betonwerkstein.

Abt. 1-8-12 – Grab-Nr. 02-91

Burghard, Ernst (Robert), Kaufmann, Inhaber des Mineralbad Berg mit Hermann Neuner, * 13. 5. 1841 Stuttgart-Berg, † 18. 9. 1921 Stuttgart-Berg, 80.

Burghard, Pauline (Charlotte), geb. Neuner, Tochter des Badgründers Friedrich Neuner, Ehefrau von Ernst Burghard, * 6. 10. 1846 Stuttgart-Berg, † 20. 9. 1934 Stuttgart, 87.
Postament aus Granit, darauf durchbrochenes Kreuz mit Blumenkranz aus Metall, um 1922.

Abt. 3-13-11/12 – Grab-Nr. 02-5681/82

Dempel (alt), Karl, Flaschnermeister, Privatmann; über-

Kreuzdenkmal für Generalmajor Christof von Ebbinghaus (1856–1927)

Kreuzdenkmal für die Familie des Rechtsanwalts Hugo Fischer (1898–1972)

nahm 1899 die nach 1870 gegründete Flaschnerei J. Häußler, Poststraße 14; verlegte sie nach Kirchstraße (Klotzstraße) 1B; 1932 Firma dem Sohn übergeben, * 8. 9. 1872 Pleidelsheim, OA Marbach (jetzt Lkr. Ludwigsburg), † 9. 9. 1948 Stuttgart, 76.

Dempel (jung), Karl, Installateurmeister, So des Vor., übernahm 1932 die Flaschnerei vom Vater, der Betrieb wurde am 15. 5. 1939 stillgelegt. 1932–1935 Gemeinderat, April bis November 1933 MdL, November 1933 bis Mai

1945 MdR, April 1933 bis Januar 1939 Präsident der Handwerkskammer Stuttgart. Ab 1933 Vorsitzender des Verbands der Württ. Flaschner und Installateure. * 31. 1. 1897 Stuttgart, † 7. 8. 1967 Stuttgart, 70.

Architektonische Stele mit 2 Beisteinen aus Travertin und Einlage aus Metall: Sitzende Trauernde, Relief, signiert »A. M. Wolff 1901«.

Brösamlen, E.: Das schöne Stuttgart-Berg. Stgt.: 1939, Seite 44; Chr. 1933–1945, 32 u. a.; Zelzer, Maria: Stutt-

Liegeplatte für Musikhistoriker Wilhelm Eckert (1888–1972)

gart unterm Hakenkreuz Chronik 1933–1945, Stgt.: 1983, Seiten 32, 207, 284, 369.

Abt. 1-3-14 – Grab-Nr. 02-31

Ebbinghaus, Christof von, Kgl. Württ. Generalmajor, Eltern: Friedrich E., Papierfabrikant in Unterkochen, und Auguste geb. Wagner; war 1914 Kommandeur des Infanterie-Regiments 125, später stellvertretender Kommandeur der 51. Infanterie-Brigade in Stuttgart bis 1918, stellte sich im November 1918 der Regierung Blos zur Verfügung, um die Auflösung der militärischen Disziplin zu verhüten, schied aber am 7. Dezember 1918 wieder aus.
W: Die Memoiren des Generals von E. Stgt.: 1928; Chr. 1918–1933, 338. *26.9. 1856 Menden (Westfalen) (jetzt: M. (Sauerland), Märkischer Kreis), †5.6. 1927 Stuttgart(-Berg), 70.
Hd 7,58; LtBStAnz 1928, 249–254; Hd 8, 336; SchwM 1927 Nr. 261,3.
Ebbinghaus, Anna von, geb. Leuze, seit 1886 Frau d. Vor., Tochter des Badbesitzers Ludwig Leuze, *6.9. 1864 Stuttgart(-Berg), †4.2. 1950 (wohl) Freudenstadt, 85.
Kreuzdenkmal auf Sockel aus Granit.

Abt. 19-3-18 – Grab-Nr. 02-5880

Eckert, Wilhelm, Dr. phil., Musikhistoriker *14.8. 1888 Herbolzheim, AB (jetzt Lkr.) Emmendingen, †20.12. 1972 Stuttgart, 84.
Liegeplatte (Pultstein) aus rötlichem Granit, 1973.

Abt. 1-14-24/25 – Grab-Nr. 02-231/232

Faber, Eugenie, geb. Mauz, To von Wilhelm Mauz, Fabrikant, und Katharina geb. Hofstetter; ∞1920 Ingenieur und Fabrikant Ernst (E. Ludwig) Faber, *3.9. 1889 Stuttgart, †24.11. 1954 Heidelberg, 65.
Siehe Mauz, Wilhelm und Katharina.

Abt. 10-15-13 – Grab-Nr. 02-3639

Fischer, Emma Maria, Märchenerzählerin, To von Albert Fischer, Werkmeister, und Emilie geb. Entenmann, *7.9. 1899 Cannstatt (jetzt Stuttgart-Bad Cannstatt), †18.10. 1979 Stuttgart, 80.
Fischer, Hugo (Heinrich Karl H.), Rechtsanwalt, Br. der Vor. *1.3. 1898 Cannstatt (jetzt Stuttgart-Bad Cannstatt) †16.6. 1972 Stuttgart, 74.
Kreuzdenkmal aus rotem Sandstein.

Abt. 3-1-14 – Grab-Nr. 02-5479

Fischer, Luitpold, Holzbildhauer, Ortskrankenkassenbeamter, *4.10. 1854 Hegelhofen, BA Neu-Ulm (jetzt Lkr. Neu-Ulm), †9.12. 1927 Stuttgart, 73.
Stele auf Sockel aus Granit mit Einlage aus Metall: Sitzende Trauernde an Urne gelehnt, signiert: »A.M. Wolff 1901«.

Abt. 4-9-10 – Grab-Nr. 02-779

○ **Geißler,** Karl (K. Friedrich), Wundarzt, letzter Schultheiß von Berg 1862–1892; So von Johann Georg Geißler, Chirurg und Schultheiß in Berg bis 1862, und Elisabeth Friederike geb. Bach; ∞Cannstatt 1841 (s.u.), *31.8. 1813 Berg, †25.9. 1892 Stuttgart-Berg, 79.
○ *Geißler,* Wilhelmine (Pauline W.), geb. Friz; To von Wilhelm Friedrich Friz, Gutsbesitzer in Cannstatt, und Barbara, geb. Fahrion. *29.6. 1823 Cannstatt (jetzt Stuttgart-Bad Cannstatt), †22.2. 1906 Beutelsbach, OA Schorndorf (jetzt Weinstadt-Beutelsbach, Rems-Murr-Kreis).

Abt. 4-1-8 – Grab-Nr. 02-604

Gemmingen-Hornberg, Siegmund Franz Karl Freiherr von, Privatier, So von Adolf Freiherr von Gemmingen-

Stele für die Familie des Redakteurs Richard Glaser (1904–1973)

Hornberg, Gutsbesitzer, und Sarolta Freifrau von G-H, geb. Gräfin von Batthyany, *9. 7. 1853 Fränkisch-Crumbach, Kr. Dieburg (jetzt Odenwaldkreis, Hessen), †16. 1. 1914 Stuttgart, 60.
Bildstockartige Stele aus Muschelkalk, 3teilig, mit erhabenem *Wappen* und eingelassenem Kruzifix Metall.

Abt. 13-16-17 – Grab-Nr. 02-4823
Gerber, Wilhelm, Dr. med., praktischer Arzt, *27. 3. 1895 Stuttgart, †22. 8. 1974 Stuttgart, 79.
Gerber, Gabriele, geb. Rembold, Dr. med., praktische Ärztin, ∞ den Vor. 1925, *1. 8. 1897 Altshausen, OA Saulgau (jetzt Lkr. Ravensburg), †14. 1. 1978 Stuttgart, 80.
Kreuz aus Quarzit mit aufgesetztem Kruzifix von Blaschke 1975, Einfassung aus gleichem Material.

Abt. 7-2-13 – Grab-Nr. 02-1629
Glaser, Richard (R. Gotthilf), Redakteur, So von Gottlob (G. Immanuel) Glaser, Stenograph, und Karoline, geb. Brodhag. 1948–1969 verantwortlicher Lokalredakteur der Stuttgarter Zeitung, *7. 11. 1904 Ludwigsburg, †12. 1. 1973 Fellbach-Schmiden, 68.
Stele Granit und Plattenabgrenzung. StZ 13. 1. 1973.

Abt. 13-1-16 – Grab-Nr. 02-4522
Gommel, Gerhard, Pfarrer und Studienrat, 1926 Pfarrer in Neuhengstett, 1930 3. Stadtpfarrer in Tuttlingen, 1938 Studienrat für Religionsunterricht in Reutlingen, 1951 Pfarrer für Religionsunterricht am Wagenburg-Gymnasium in Stuttgart, 1955 Studienrat, 1962 Ruhestand, *8. 10. 1897 Hertmannsweiler, OA Waiblingen (jetzt Winnenden-H., Rems-Murr-Kreis), †14. 4. 1974 Stuttgart, 76.
Stele aus Muschelkalk, Plattenabgrenzung, 1975. MagB 1966, 109.

Abt. 18-19-1 – Grab-Nr. 02-6325
○ **Gradmann,** Eugen (Ulrich Karl E.), Dr. phil., Pfarrer, Professor, Landeskonservator für Württemberg; So von Gustav Adolf Gradmann, Kaufmann, und Emilie Pauline, geb. Härlin; Br. des Botanikers und Geographen Robert (R. Julius Wilhelm) Gradmann, seit 1919 Professor in Erlangen (1865–1950), NDB 6, 703–705.
1889 Pfarrer in Neuenstein, 1896 in Dettingen an der Erms, 1898–1920 Landeskonservator und Vorstand der Altertümersammlung in Stuttgart. Letzte Wohnung Stuttgart, Kernerplatz 3.
Umfangreich schriftstellerisch tätig: Geschichte der Christlichen Kunst, 1902; Kunst- und Altertumsdenkmale in Württemberg, Jagstkreis, 1. Hälfte, 1907 (Hrsg.); (mit Paul Schmohl) Volkstümliche Kunst aus Schwaben, 1908; Heimatschutz und Landschaftspflege, 1910; An-

weisungen zur Denkmalpflege, 1912; (mit Christ und
Klaiber) Kunstwanderungen in Württemberg und Ho-
henzollern, 1914. * 13. 12. 1863 Lauffen am Neckar, OA
Besigheim (jetzt Lkr. Heilbronn), †26. 4. 1927 Stuttgart-
Cannstatt (jetzt Stuttgart-Bad Cannstatt), 63.
NDB 6, 703; Hd 8, 378; SchwM 1927, Nr. 192,6; ZWLG
1937, 224–248 (To Gertrud Kauffmann).
Gradmann, Emma, geb. Tritschler, To von Karl Tri-
tschler, Gastgeber zum Kaiser in Tübingen, und Emma
geb. Schweikhardt; ∞ 1889 den Vor., * 26. 1. 1867 Tübin-
gen, † 8. 8. 1928 Reutlingen.
Denkmal wurde entfernt.

Abt. 1-5-2 – Grab-Nr. 02-45

Gräf, Ludwig, Diakon, Stadtmissionar, 1948–1972 Stadtrat, Ehrenmitglied des Kirchengemeinderates der Lukas-
gemeinde, * 17. 12. 1890 Darmstadt, † 1. 5. 1977 Stuttgart, 86.
Gräf, Christiane, geb. Schwegler, ∞ 1918 den Vor. * 24. 5.
1884 Beutelsbach, OA Schorndorf (jetzt Weinstadt-B.),
† 24. 8. 1962 Stuttgart, 78.
Stele weißer Marmor, Einfassung Kunststein, Bildhauer
Schönfeld, 1913.

Abt. 5-7-12 – Grab-Nr. 02-962

Grau, August, Kunstmaler, Landschaften, * 12. 8. 1850
Cannstatt (jetzt Stuttgart-Bad Cannstatt), † 27. 7. 1911
Stuttgart, 60.
Stele aus Tropfstein mit eingelassener Platte aus Granit,
Einfassung Betonwerkstein.

Abt. 10-15-4/5 – Grab-Nr. 02-3630/31

○ *Greß*, Walther (Wilhelm W.), Bibliotheks-Rechnungs-
rat, Genealoge und Heraldiker, 1926–1945 in der Württ.
Landesbibliothek, Mitbegründer der Heraldischen Bera-
tungsstelle, 1949 Leiter der Geschäftsstelle des Vereins
für Familien- und Wappenkunde in Württemberg und Baden, 1963 dessen Ehrenmitglied. * 10. 12. 1898 Grönin-
gen-Bölgental, OA Crailsheim (jetzt zu Satteldorf, Lkr.
Schwäbisch Hall), † 10. 8. 1967 Stuttgart, 68.
SWBl Fam Bd. 12, 147; StZ 19. 8. 1967, S. 24. Siehe bei
Walther.

Abt. 10-10-4 – Grab-Nr. 02-3604

Großhans, Karl (K. Friedrich), Schlosser, 1919–1933 Gemeinderat, Stadtamtmann, * 18. 10. 1884 Wildbad OA

*Stele für die Familie des Stadtrats und Stadtmissionars Lud-
wig Gräf (1890–1977)*

Neuenbürg (jetzt Wildbad im Schwarzwald Lkr. Calw),
† 18. 10. 1966 Stuttgart, 82.
Großhans, Wilhelmine, geb. Stegmaier, ∞ 1907 den Vor.
* 4. 5. 1882 Berkheim, OA Esslingen (jetzt Esslingen-B.),
† 29. 1. 1973 Stuttgart, 90.
Stele aus Granit, 1967.

Abt. 10-1-1 – Grab-Nr. 02-3518

Haensell, Friedrich (John F.), Universitätsprofessor, * 13. 7.

Kreuzdenkmal für die Familie des Universitätsprofessors Friedrich Haensell (1876–1962)

1876/25.7.1876 Riga/Lettland, †8.11.1962 Stuttgart, 86.
Haensell, Erna (Elisabeth Caroline), geb. Seesemann, *3.6.1881/15.6.1881 Mitau/Lettland, †17.10.1960 Stuttgart, 79.
Sockel aus Muschelkalk, darauf Kreuz auf Metall.
Abt. 11-1-21 – Grab-Nr. 02-3701
Haensell, Konrad, Pfarrer, Lizentiat; So von Friedrich H. und Erna geb. Seesemann, *22.12.1910/4.1.1911 Riga/Lettland, †18.12.1963 Stuttgart-Sillenbuch, 52.

Wanddenkmal für die Familie des Gemeinderats und Hofwerkmeisters Paul Haußer (1848–1911)

Postament aus Rauchkristall, mit durchbrochenem Kreuz aus Metall, von Bildhauer Schönfeld, 1965.

Abt. 1-10-20/21 – Grab-Nr. 02-123/124

Haußer, Hugo, Architekt, *27.5.1875 Stuttgart-Berg, †18.3.1941 Stuttgart, 65.
SchwM 21.3.1941, Nr. 68,5.
Haußer, Julie, geb. Schaal, ∞1907 den Vor, *26.6.1879 Reutlingen, †24.1.1969.

Haußer, Paul (Friedrich P.), Werkmeister, Hofwerkmeister, 1890–1892 Mitglied des Bürgerausschusses; 1899–1906 und 1908–1911 Gemeinderat; So von Steinbruchbesitzer Johann Ludwig Haußer, und Marie geb. Hartter; V von Hugo Haußer. – Inhaber eines großen Baugeschäfts, Vorsitzender der Württ. Baugewerksberufsgenossenschaft. *24.1. 1848 Stuttgart, †17.11. 1911 Stuttgart, 63, Chr 1911, 29–30.
Haußer, Marie, geb. Bausch, ⚭1873 den Vor. *8.2. 1849 Aalen, †19.4. 1904 Stuttgart-Berg, 55.
Wanddenkmal mit Beisteinen aus rotem Sandstein, *reich geschmückt,* Einlage und Bänder aus Metall, von Werkmeister Paul Haußer, 1905.

Abt. 1-10-15/16 – Grab-Nr. 02-118/119 und Abt. 1-11-15/16 – Grab-Nr. 02-145/146

Hees, Katharina, verw. Neuner, geb. Küstner, ⚭I. 1902 Hermann Neuner, II. 1936 Wilhelm Hees, Mühlenbesitzer in Stuttgart, *29.4. 1868 Steinhaus, Gemeinde Vordersteinenberg, OA Gaildorf (jetzt zu Alfdorf, Rems-Murr-Kreis), †6.6. 1960, 92.
Siehe Neuner.

Abt. 11-10-1 – Grab-Nr. 02-3891

Herrmann, Erich (Ottomar Adolf E.), Sänger, Musikschriftsteller, Pianist, *5.6. 1899 Groß-Lichterfelde, Kr. Teltow (jetzt zu Berlin-Steglitz), †5.6. 1972 Stuttgart, 73.
Herrmann, Henriette, geb. Leis, Sängerin, ⚭1943 den Vor. *23.12. 1909 Frankfurt am Main, †11.12. 1977 Filderstadt, Lkr. Esslingen, 67.
Stele Marmor von Bildhauer Ott, 1973.

Abt. 8-14-3/6 – Grab-Nr. 02-2126/2129

○ *Katz,* Hans (H. Gustav Adolf), Dipl.Ing., Stadtbaurat; So von Gustav Adolf Katz, Dr. phil., Fabrikant, u. Albertine, geb. Schott, *7.11. 1890 Stuttgart, †30.10. 1950 Unterau, Gemeinde Amtzell, Kr Wangen (jetzt Lkr. Ravensburg), 59.
○ *Katz,* Erna (E. Marie Frida), geb. Behringer, To von Christoph Behringer und Ernestine, geb. Rehlen; ⚭1920 den Vorigen, *12.3. 1897 Stuttgart-Berg, †29.3. 1969 Stuttgart, 72.
Siehe Behringer, Christoph.

Stele für die Familie des Musikschriftstellers Erich Herrmann (1899–1972)

Abt. 8-12-15/16 – Grab-Nr. 2093/2094

Krämer, August, Kaufmann, Verleger, So von Karl August Krämer, Kaufmann, und Karoline, geb. Kächele *2.8. 1897 Stuttgart, †5.2. 1967 Stuttgart, 69.
Krämer, Erna (E. Emma), geb. Behringer, To von Karl Behringer, Baumeister, und Johanna Friederike, geb. Rehlen, *27.7. 1895 Nördlingen, BA Nördlingen (jetzt Lkr. Donau-Ries), †26.4. 1969 Stuttgart, 73.
Siehe Behringer, Karl.

Felsen aus Granit für die Familie des Verlegers August Krämer (1897–1967)

Abt. 4-9-5/8 – Grab-Nr. 02-774-777; erhalten nur: Abt. 4-9-8 – Grab-Nr. 777

○ **Kreglinger,** Friedrich (Wilhelm F. Andreas), Kunstmüller, Kommerzienrat; So von Georg Christian Kreglinger, Gold- und Silberarbeiter in Marktbreit/Bayern, und Margarete geb. Albrecht; Br. v. Ernst (E. August) Kreglinger, Fabrikant; 1880–1904 Pächter der Kunstmühle (Vordere Mühle), 1904 an den Sohn übergeben, 1919 stillgelegt; ∞ 1871 Marie, geb. Kettner (s. u.), *27. 6.

1841 Sommerhausen (Bayern), BA Ochsenfurt (jetzt Lkr. Würzburg), †3. 11. 1906 Stuttgart-Berg, 65.

Kreglinger, Marie (M. Wilhelmine), geb. Kettner; To von Wilhelm Friedrich Kettner, Kunstmüller, und Marie Regine Barbara geb. Uhlmann ∞ 1871 Friedrich K. (s. o.), M von Marie (M. Margarethe), *1872, †1953, ∞1891 Kunstmüller Hermann Rommel in Pfullingen, und von Georg (G. Wilhelm Gustav), Kunstmühlenbesitzer in Berg, *1880, †1961; *28. 11. 1848 Stuttgart-Berg, †30. 5. 1900 Stuttgart-Berg, 51, □ in Grab 777.

○ *Kreglinger,* Ernst (E. August), Kaufmann, Fabrikant, Privatmann, Br. des Vorigen, *10. 6. 1853 Marktbreit/Bayern, BA Marktbreit (jetzt Lkr. Kitzingen), †22. 10. 1936 Stuttgart, 83.

Abt. 4-9-8 – Grab-Nr. 02-777

Kreglinger, Georg (G. Wilhelm Gustav), Kaufmann, Kunstmühlepächter, So v. Friedrich K., Pächter 1904–1919, *10. 1. 1880 Stuttgart-Berg, †2. 1. 1961 Stuttgart, □ in Grab 775, 1965 umgebettet in Grab 777.
Stele aus weißem Marmor.
Brösamlen, E: Das schöne Stuttgart-Berg. Stgt.: 1939, S. 31.

Abt. 11-16-18 – Grab-Nr. 02-4045

Kuhrt, Willi, Gärtnermeister, *20. 1. 1905 Berlin (-Wedding), †4. 9. 1976, 71.
Kuhrt, Emma, geb. Schmid; ∞1928 den Vor. *18. 2. 1899 Betzingen, OA Reutlingen (jetzt Reutlingen-Betzingen), †18. 1. 1960 Stuttgart, 60.
Stele nach oben verjüngt, aus Diabas, mit Familienwappen, von Bildhauer Schönfeld, 1962.

Abt. 1-1/2-11/12 – Grab-Nr. 02-11/12

○ **Leuze,** Ludwig (L. Christian Karl), Apotheker in Colmar (Elsaß); 1883–1899 Badinhaber des Mineralbades Leuze zusammen mit dem Schwager Heinrich Hofmann (†28. 4. 1899), 1899–1912 Alleinbesitzer. Baute 1886 die erste Schwimmhalle des Bades; Enkel des Badgründers Ludwig Leuze (1794–1864); So von Ludwig Leuze, Badinhaber (1818–1876), und Johanna, geb. Geisler.
Straße Am Leuzebad 1932 in Stuttgart-Ost (Berg) nach den Inhabern und Pächtern des Mineralbads der Familie Leuze 1851–1944 benannt. *17. 10. 1849 Stuttgart-Berg

Stele für die Familie von Ludwig Leuze (1877–1944)

(möglicherweise auch in Ölbronn, OA Maulbronn, jetzt Ölbronn-Dürrn, Enzkreis), †3.6. 1912 Stuttgart-Cannstatt (jetzt Stuttgart-Bad Cannstatt), 62.

○ *Leuze,* Fanny, geb. Weizsäcker, To von Julius August Franz Weizsäcker, Apotheker in Kochendorf, und Mathilde geb. Kurz, *12.6. 1858 Kochendorf, OA Neckarsulm (jetzt Bad Friedrichshall-K., Lkr. Heilbronn), †17.12. 1944, 86.

Abt. 1-3-13 – Grab-Nr. 02-30

Leuze, Ludwig (Albert Eugen L.), 1912–1919 Badinhaber, 1919–1944 Pächter des Mineralbades Leuze; Urenkel des Badgründers Ludwig Leuze (1794–1864); So von Ludwig Leuze, Badinhaber (1849–1912), und Fanny, geb. Weizsäcker; das Mineralbad war 1914–1919 Reservelazarett, Leuze verkaufte das Bad 1919 an die Stadt Stuttgart und blieb Pächter. Der Hotelbetrieb wurde um 1925 aufgegeben und dort ein Altersheim eingerichtet. Das Mineralbad blieb erhalten. Beim Löschen nach dem Fliegerangriff erlitt er schwere Verbrennungen, an deren Folgen er starb. *8.10. 1877 Stetten im Remstal, OA Waiblingen (jetzt Kernen-Stetten, Rems-Murr-Kreis), †7.3. 1944 Stuttgart, nach Fliegerangriff, 66.

»Das Neue Leuze«, Beilage des Amtsblatts der Stadt Stuttgart vom 13.10. 1983, Nr. 41, Seiten II–III; Schickler, Emil: Das Leuze'sche Mineralbad Berg, Stuttgart: 1914.

Alfred Lörcher (1875–1962)

Leuze, Julie (J. Mathilde), geb. König, To von Ferdinand König, Landwirt in Ellingen, und Antonie, geb. Arnold, ∞ 1905 den Vor. *28.4. 1881 Ellingen, BA Weißenburg, Bayern (jetzt Lkr. Weißenburg-Gunzenhausen), †6.1. 1946 Schwäbisch Gmünd, Lkr. Schwäbisch Gmünd (jetzt Ostalbkreis), 64.

Leuze, Ludwig (Ernst L. Ferdinand), Feldwebel, So von Ludwig Leuze, Badinhaber (1877–1944), und Julie, geb. König, *22.10. 1911 Stuttgart-Cannstatt (jetzt Stuttgart-Bad Cannstatt), †17.6. 1940 Freiburg im Breisgau, Lazarett, schwer verletzt am Oberrhein, 28.

Grabmal aus Diabas für Alfred Lörcher

Architektonische Stele auf Sockel aus Granit und Liegeplatte aus Granit, 1951.

Abt. 18-2-7 – Grab-Nr. 02-6026

Lörcher, Alfred, Professor, Bildhauer; So von Karl Lörcher, Stellv. Bankdirektor, und Mathilde, geb. Schönlen; Lehre in kunstgewerblicher Werkstätte und Bronzegießerei Paul Stotz in Stuttgart. Kunstgewerbeschule Karlsruhe 1894–1896; Akademie München (Rümann) 1898–1902; 1904–1908 in Stuttgart, 1908–1915 in Berlin; 1919–1938 Professor an der Kunstgewerbeschule Stuttgart, 1938–1945 an der Akademie der Bildenden Künste Stuttgart. Letzte Wohnung Stuttgart-Ost, Heubergstraße 25. Schuf Grabmale, Brunnen- und Gartenfiguren, Büsten, Plaketten, Kleinplastiken: Brunnen im Hallschlag, Stuttgart-Bad Cannstatt, Auf der Steig, Knabe mit Fisch, 1952. Sparkassen-Brunnen, Stuttgart, Stiftstraße 5, 1954. Kauernde, 1906. Porträtbüste Konrad Haußmann, 1907. Reliefs für die Verkleidung der 6 Pfeiler in der großen Halle der Universität Tübingen. Grabmal Wilhelm Blos, Staatspräsident, mit Medaillon, Tuffstein, Pragfriedhof, 1927. Grabmal Paul Loercher, Diabas, Pragfriedhof, um 1926. Grabmal Alfred Lörcher, Urne auf Steinsockel, Diabas, 1962. *30. 7. 1875 Stuttgart, †26. 3. 1962 Stuttgart, 86.
Th-B 23, 322; Vollmer 3, 252; 6, 224; Hd 11, 562; Baden-Württemberg 1955, 7, 22–23; StZ 1955, 172, 17; 1962, 72,2; StN 1962, 72, 7; Munzinger-Archiv der Verstorbenen vom 2. 6. 1962.

Lörcher, Hildegard (Bertha Auguste Maria), geb. Ahrens, Witwe von Alfred Lörcher, *6.8. 1899 Fritzow, Kreis Kolberg-Körlin, Pommern, †5. 10. 1986 Stuttgart-Sillenbuch-Riedenberg, 87.
Urne auf Steinsockel, Diabas, Skizze 1962, Ausführung Bildhauer Willi Schönfeld, 1962.

Abt. 1-15-6 – Grab-Nr. 02-238

Martin, Philipp (P. Leopold), Naturforscher, Konservator; So von Christian Gottlieb Martin, Bäcker in Gnadenberg (Schlesien), und Sofie, geb. Zwick.1859–1874 Erster Präparator am Kgl. Naturalienkabinett in Stuttgart, Gründer des Museums der Urwelt bis zur Gegenwart in Stuttgart am Herdweg, eröffnet 12. 5. 1875, geschlossen 1877, mit der vielbestaunten Nachbildung des eiszeitlichen Mammuts, die 1877 nach den USA verkauft wurde. W: »Die Praxis der Naturgeschichte«, 3 Bände: 1869/70, 1878, 1882; »Illustrierte Naturgeschichte des Tierreichs«: 1882. *5. 11. 1815 Gnadenberg (Schlesien), Kr. Bunzlau, †7. 3. 1885 Stuttgart, 69.
museums magazin 1, 1983, 4–9 (Stuttgart).

Martin, Valeska (Charlotte Amalie V.), geb. Beck, To von Christian Friedrich Beck, Feldwebel in Bunzlau, und Rosine geb. Kiebrich; ⚭1854 d. Vor. *2. 9. 1824 Bunzlau (Schlesien), (jetzt Bolesławiec), †20. 10. 1894 Zürich (Schweiz), 70.

Leopold Martin.

Philipp Leopold Martin, Naturforscher und Konservator (1815–1885)

Felsen für die Familie von Philipp Leopold Martin

Martin, Leopold (Oskar Robert L.), Präparator in Zürich, So der Vor.; ledig, * 15. 4. 1854 Berlin, † 23. 12. 1891 Zürich (Schweiz), 37.

Martin, Paul (Carl Oswald P.), Tierarzt, Universitätsprofessor; Br. des Vor. Erster klinischer Assistent an der Zentraltierarzneischule in München (1885?), 1895 Professor an der Tierarzneischule in Zürich, später an der Universität Gießen. Arbeitete besonders über Tieranatomie und Entwicklungsgeschichte. Hauptwerk: »Lehr-

buch der Anatomie der Haustiere«, 2 Bände: 1901–1904; 4 Bände: ²1912–1923. * 15. 3. 1861 Stuttgart, † 19. 12. 1937 Gießen, 76.

Martin, Valeska, * 1861, † Dez. 1921, 60.

Felsen grauer Kalkstein, mit ovaler Einlage aus weißem Marmor, 1885, davor Liegeplatte.

Ältestes erhaltenes Grab im Bergfriedhof.

Abt. 1-14-24/25 – Grab-Nr. 02-231/232

Mauz, Wilhelm, Färbereibesitzer, Wassermotorenfabri-

Grabdenkmal für die Familie des Wassermotorenfabrikanten Wilhelm Mauz (1861–1934)

Obelisk für die Familie von Friedrich Neuner (1817–1883)

kant, *15.7. 1861 Nellingen, OA Eßlingen (jetzt Ostfildern-Nellingen, Lkr. Esslingen), †15.4. 1934 an Bord des deutschen Motorschiffes »Milwaukee« auf der Reise von Port Said nach Istanbul, 72.

Mauz, Katharina (Kätchen), geb. Hofstetter, ∞ Stuttgart 1887 den Vor.; M von Faber, Eugenie, geb. Mauz, siehe dort. *2.5. 1866 Untermünkheim, OA Hall (jetzt Lkr. Schwäbisch Hall), †30.5. 1937 Stuttgart, 71.
Auf 2 breiten Stellsteinen und Sockel Figur aus Beton-

werkstein: Trauernde Frau auf dem rechten Fuß kniend, nicht signiert, aufgestellt von Bildhauer W. Schönfeld, 1955.

Abt. 1-10-15/16 – Grab-Nr. 02-118/119 und Abt. 1-11-15/16 – Grab-Nr. 02-145/146

Neuner, Friedrich (Georg F.), Kunst- und Handelsgärtner, Badbesitzer; So von Philipp Friedrich Neuner, Schneidermeister, Gerichtsbeisitzer, und Christiane, geb. Hänger; 1845 Hofgärtner, legte ab 1845 den Park der

Villa Berg auf dem Höll'schen Bühl mit vielen exotischen Bäumen an, kaufte das Anwesen der Firma Bockshammer und errichtete mit dem Steinhauer-Werkmeister und Gemeinderat Carl Heimsch 1856 das **Mineralbad Berg** (Neuner) mit den Mineralbädern, dem Schwimmbad, den Bauten und dem »Berger Urquell«. Beide Besitzer bis 1883. Einer der Mitbegründer der Gartenbaukunst, war in reger Verbindung mit großen Gärtnereien in Holland und Belgien. Baute im Badegarten 1872 das »Kurtheater«, in dem 30 Jahre in den Sommermonaten gespielt wurde. »Klarer Kopf, tüchtiger Geschäftsmann und stets liebenswerter Mensch«. Erlitt Schlaganfall einen Tag bevor er geplante Erweiterungsbauten beginnen konnte. * 20. 4. 1817 Stuttgart, † 15. 10. 1883 Stuttgart-Berg, 66, □ 17. 10. 1883 im Alten Bergfriedhof, 15. 10. 1885 hierher umgebettet.
SchwM 17. 10. 1883, Nr. 246, 1697; Das Stuttgarter Mineralbad Berg. Berger Urquell. Stuttgart-Berg. Stuttgart: o.J. (um 1910); Brösamlen, E: Das schöne Stuttgart-Berg. Stuttgart: 1939. S. 47, 73, 74.

Neuner, Caroline (C. Christiane), geb. Walter, To von Wilhelm Friedrich Walter, Handelsgärtner, und Christiane Charlotte, geb. Widmann; ∞ 1844 den Vor. * 12. 5. 1818 Stuttgart, † 21. 3. 1902 Stuttgart-Berg, 83.
Neuner, Alfred (A. Alexander), Kaufmann, So der Vor., verh., * 26. 12. 1849 Stuttgart, † 22. 1. 1900 Stuttgart-Berg.
Neuner, Hermann (H. Robert), Badbesitzer mit Schwiegersohn Ernst (E. Robert) Burghard (1841–1921); Privatmann; Br. des Vor.; ∞ 1902 Katharina, geb. Küstner (∞ II. 1936 Wilhelm Hees, Mühlenbesitzer), siehe Hees; To von Kaspar Küstner in Steinhaus. * 6. 1. 1852 Stuttgart-Berg, † 16. 8. 1931 Stuttgart, 79.
Obelisk auf Sockel aus Syenit, 1886 von Bildhauer Strebel. Inschrift in Majuskeln: »Grenzstein des / Lebens aber / nicht der Liebe«.

Abt. 10-12-1 – Grab-Nr. 02-3613 (am 6. 10. 1960 Ersatzgrab für Abt. 13-13-20 – Grab-Nr. 4766)
Räuchle, Albert, Bäckermeister, * 18. 2. 1885 Cannstatt (jetzt Stgt.-Bad Cannstatt), † 5. 10. 1960 Stuttgart, 75.
Räuchle, Friederike, geb. Fischer; ∞ 1917 den Vor. * 20. 4. 1887 Steinenbronn, AOA Stuttgart (jetzt Lkr. Böblingen), † 11. 1. 1970 Stuttgart-Botnang, 82.

Stele auf Travertinsockel für den Theologen und Orientalisten Paul Rießler (1865–1935)

Stele aus Diabas mit stehender trauernder Frau mit 2 Mohnblumen, von Bildhauer »R. Schönfeld« signiert.

Abt. 1-4-1/2 – Grab-Nr. 32/33
Rießler, Paul (Alois P.), katholischer Theologe und Orientalist, Universitätsprofessor D. Dr.; So von Aloys Rießler, Zimmermaler, und Caroline Pauline, geb. Straub; ledig; 1907–1933 Professor der alttestamentlichen Theologie an der Universität Tübingen; »ein stiller und gütiger Mensch«. W: »Die heilige Schrift des Alten Bundes übersetzt« (Riessler-Bibel) 2 Bände, 1924. * 16. 9. 1865 Stuttgart, † 16. 9. 1935 Tübingen, 70.
Architektonische Stele auf Sockel Travertin, 1955 von Bildhauer Keller.
Hd 8, 536; 10, 609; 11, 416; Professor D. Dr. Paul Riessler, Tübingen: 1935; August Hagen: Geschichte der Diözese Rottenburg, Stuttgart: 1960, Band III, 179.

Abt. 11-3-3/5 – Grab-Nr. 02-3727/3729
Sautter, Karl (K. Wilhelm Alexander), Apotheker in Stuttgart-Ostheim, * 16. 4. 1857 Liebenzell, OA Calw (jetzt Bad Liebenzell, Lkr. Calw), † 16. 7. 1936 Stuttgart, 79.
Sautter, Richard (R. Ernst Alexander), Dr. med., praktischer Arzt, So des Vor. * 30. 7. 1908 Stuttgart, † 15. 6. 1976 Stuttgart, 67.
Wanddenkmal aus Travertin.

Grabdenkmal für die Familie von Simon Schneider (1825–1900)

Vor. * 29. 10. 1887 Fichtenberg, OA Gaildorf (jetzt Lkr. Schwäbisch Hall), † 20. 6. 1963 Stuttgart, 75.

Schiefer, Otto (Josef Eugen O.), Architekt; Br des Vor. * 10. 1. 1893 Stuttgart, † 12. 5. 1958 Stuttgart, 65.

3teiliges Wanddenkmal aus rötlichem Granit auf Sockel.

Abt. 10-1-8 – Grab-Nr. 02-3525

Schmid, Ewald, Stadtpfarrer; So von Johannes Schmid, Kaufmann und Emma Albertine, geb. Bezner, * 14. 3. 1898 Stuttgart, † 16. 10. 1953 Stuttgart, 55.

Kreuz aus rotem Sandstein mit vertieftem Relief: St. Georg mit dem Drachen, 1954.

Abt. 7-13-13/14 – Grab-Nr. 02-1796/1797

Schneider, Simon, Bahnmeister; So von Johannes Schneider und Marie Anna, geb. Munz, * 28. 10. 1825 Leinzell, OA Gmünd (jetzt Ostalbkreis), † 5. 7. 1900 Stuttgart-Berg, 74.

Schneider, Katharine (K. Elisabethe), geb. Scheuermann; To von David Magnus Scheuermann, Buchbinder, und Magdalene Susanne, geb. Reiz; ∞ 1864 den Vor. * 28. 4. 1831 Hall (jetzt Schwäbisch Hall), † 2. 5. 1921, 90.

Sockel aus Granit, darauf **lebensgroße weibliche Figur** mit Gewand in Metall, signiert li.: »A. Schneider fec. 1903«, (So August Schneider, Professor und Studienrat in Görlitz) re. »Guss Peters Karlsruhe i. B.«, * 7. 4. 1866 Hall (Schwäbisch Hall), † 21. 1. 1945…, 76.

Abt. 1-1-6 – Grab-Nr. 02-6

Strobel, Friedrich (Johann F.), Kaufmann; So von Johann Strobel, Bahnhofaufseher, und Rosine, geb. Pfisterer; Stadtrat 1946–1957; Fußball-Sportlehrer, Sportleiter, * 19. 9. 1893 Stuttgart, † 6. 2. 1957 Stuttgart-Sillenbuch (?), 63.

Strobel, Emilie (Emmy) (E. Karoline), geb. Hartner; To von Gustav Adolf Hartner, Kesselschmied, und Pauline, geb. Haag; ∞ 1920 den Vor. * 26. 11. 1896 Cannstatt (jetzt Stuttgart-Bad Cannstatt), † 22. 10. 1974 Stuttgart-Sillenbuch (?), 77.

Architektonische Stele aus Crailsheimer Muschelkalk.

Abt. 10-15-4/5 – Grab-Nr. 02-3630/31

Walther, Johannes, Wärter an der Tierärztlichen Hochschule (so seit 1890), Oberwärter; So von Jakob Walther,

Abt. 11-8-10/11 – Grab-Nr. 02-3850/3851

Schiefer, Gottlieb, Zimmermann, Modellschreiner, Privatmann, * 15. 7. 1863 Fichtenberg, OA Gaildorf (jetzt Lkr. Schwäbisch Hall), † 4. 11. 1942 Stuttgart, 79.

Schiefer, Johann, Gewerbeschulrat; So des Vor. * 8. 6. 1885 Engelhofen, Gem. Mittelfischach, OA Gaildorf (jetzt Obersontheim-M., Lkr. Schwäbisch Hall), † 26. 6. 1935 Stuttgart, 50.

Schiefer, Heinz (Gottlieb H.), Studiendirektor; Br des

Grabmal für die Familie des Stadtrats und Sportleiters Friedrich Strobel (1893–1957)

Bauer, und Margarete Christiane, geb. Weilmann, *20.11. 1856 Beihingen, OA Ludwigsburg (jetzt Freiberg am Neckar-B., Lkr. Ludwigsburg), †19.8. 1916 Stuttgart, 59.

Walther, Friederike (Christiane F.), geb. Ott; To von Johann Wilhelm Ott, Schuhmacher, und Friederike, geb. Beck; ∞1883 den Vor. *20.12. 1856 Dettingen, OA Kirchheim (jetzt Dettingen unter Teck, Lkr. Esslingen), †4.6. 1938 Stuttgart, 81.

Walther, Wilhelm (Jakob Friedrich W.), Maschineningenieur; So der Vor.; verh. *21.4. 1884 Stuttgart, †2.4 1969, 84.

Walther, Heinrich (Karl Robert H.), Kaufmann; Br de Vor.; verh. *28.2. 1890 Stuttgart, †16.8. 1951 Stuttgart, 61

○ Architektonische Stele mit Plastik: Aufsteigendes Pfer mit stehendem Mann in Muschelkalk, nicht signiert.

Abt. 13-16-4 – Grab-Nr. 02-4810

○ *Widmaier,* Karl, Oberpräzeptor, Oberreallehrer; So voi Karl Moritz Widmaier, Kupferschmiedmeister, un Luise Wilhelmine, geb. Maier, *24.9. 1873 Calw, †2.9 1941 Stuttgart, 67.

○ *Widmaier,* Luise (Pauline L.), geb. Schmid; To von Kar Friedrich Schmid, Kaufmann, und Christiane Regine geb. Votteler; ∞1904 den Vor. *18.11. 1875 Calw, †11.5 1953 Reutlingen (?), 77.

Architektonische Stele auf Sockel aus Muschelkalk.

Abt. 18-24-1 – Grab-Nr. 02-6372

Wistinghausen, Kurt (Roderich Thomas Clas) von, Verlagsbuchhändler, Pfarrer der Christengemeinschaft Wohnung Stuttgart-O, Urachstraße 41. So von Reinholc von *Wistinghausen,* Dr. med., Oberarzt i. R., *20.6. 186 Reval, Estland, †12.10. 1939 Berlin, und Dagmar von *Wistinghausen,* geb. von Ramm, *24.10. 1865 Estland †31.10. 1939 Berlin; *30.4./13.5. 1901 Reval, Estland †9.3. 1986 Filderstadt (-Bonlanden), 84.

Wistinghausen, Elisabeth von, geb. Steeb, Ehefrau vor Kurt v. W., *25.2. 1908 Stuttgart, †23.6. 1985 Filderstad (-Bonlanden), 77.

Breite Stele rötlicher Granit, Vs geschliffen, um 1940.

Abt. 5-3-18 – Grab-Nr. 02-872

Wölfle, Robert, Dr. med. Ärztlicher Direktor, Leiter der Chirurgischen Abteilung des Rotkreuzkrankenhauses Stuttgart-Bad Cannstatt, *10.3. 1897 Gengenbach, BA Offenburg (jetzt Ortenaukreis), †30.3. 1970 wohl Stuttgart-Bad Cannstatt, 72.

Architektonische Stele, 2teilig, mit aufgesetztem Kreuz aus Metall.

StZ 7.10. 1967 S.27.

Abt. 1-15-3/4-235/236

○ *Zeitler,* Johann Michael, Maschinenbauer, Maschinen-

Breite Stele für die Familie des Verlagsbuchhändlers und Pfarrers Kurt von Wistinghausen (1901–1986)

meister; ∞ (s. u.); Schwager des Fabrikanten Gotthilf Kuhn, †31. 5. 1885 Stuttgart-Berg.

Zeitler, Mathilde Marie, geb. Haberzettel, †12. 12. 1897 Stuttgart-Berg.

Abt. 10-16-14 – Grab-Nr. 02-3667

Zorn, Albert, Kaufmann, Kaufmännischer Direktor; So von Johann Albrecht Zorn, Kutscher, und Elise, geb. Heim, *7. 6. 1875 Heilbronn, †23. 8. 1918 Stuttgart, 43.

Zorn, Martha (Sophie M.), geb. Lempp; To von Johannes Jakob Lempp, Goldarbeiter, und Friedricke, geb. Hahn; ∞ 1900 den Vor. *6. 5. 1881 Gmünd (jetzt Schwäbisch Gmünd, Lkr. Ostalbkreis), †29. 12. 1948 Stuttgart-Vaihingen, 67.

Felsen aus Syenit von Bildhauer Clappier 1919.

Gräber nach der Grabfolge im Bergfriedhof

Abteilung 1:

- 1-1-1/2-02-11/12   ○ Leuze
  1-1-6-02-6   Strobel
  1-3-13-02-30   **Leuze**
  1-3-14-02-31   Ebbinghaus
  1-4-1/2-02-32/33   **Rießler**
  1-4-10-02-41   **Brösamlen**
  1-5-2-02-45   Gräf
  1-8-12-02-91   Burghard
- 1-8-12-02-91a   ○ Waitzmann
  1-10-15/16-02-118/119   Hees und
  1-11-15/16-02-145/146   **Neuner**
  1-10-20/21-02-123/124   Haußer
- 1-13-14-02-196   ○ Mailänder
- 1-13-15-02-197   ○ Barth
  1-14-24/25-02-231/232   Faber und Mauz
- 1-15-3/4-02-235/236   ○ Zeitler
  1-15-6-02-238   **Martin**
  1-ohne Reihe-02-242   **Ehrenmal, Kriegsgrab**
  1-ohne Reihe-ohne Nummer   **Ehrenmal VfL**

Abteilung 3:

3-1-14-02-5479   Fischer, L.
3-2-11-02-5493   Berthold
3-13-11/12-02-5681/5682   Dempel

Abteilung 4:

4-1-8-02-604   v. Gemmingen-Hornberg
○ 4-9-5/7-02-774/776   ○ **Kreglinger**
4-9-8-02-777   Kreglinger
○ 4-9-10-02-779   ○ Geißler

Abteilung 5:

5-3-18-02-872   Wölfle
5-4-10-02-888   Orthuber
5-7-12-02-962   Grau

Abteilung 7:

7-2-13-02-1629   Glaser

7-8-12/14-02-1729/31
7-9-12/14-02-1743/45
7-10-12/13-02-1757/58   } **Ehrenmal, Kriegsgrab** 194:
7-11-12/13-02-1770/71
7-13-13/14-02-1796/97   Schneider

Abteilung 8:

8-12-15/16-02-2093/94   Behringer, Krämer
○ 8-14-3/6-02-2126/29   ○ Behringer, Katz

Abteilung 10:

10-1-1-02-3518   Haensell
10-1-8-02-3525   Schmid
10-10-4-02-3604   Großhans
10-12-1-02-3613   Räuchle
○ 10-15-4/5-02-3630/31   ○ Greß und Walther
10-15-13-02-3639   Fischer
10-16-14-02-3667   Zorn

Abteilung 11:

11-1-21-02-3701   Haensell
11-3-3/5-02-3727/29   Sautter
11-8-10/11-02-3850/81   Schiefer
11-10-1-02-3891   Herrmann
11-16-18-02-4045   Kuhrt

Abteilung 12:

12   24 Grabmale für **Olgaschwestern**

Abteilung 13:

13   14 Grabmale für **Olgaschwestern**
13-1-16-02-4522   Gommel
13-16-4-02-4810   Widmaier
13-16-17-02-4823   Gerber

Abteilung 18:

18-2-7-02-6026   **Lörcher**
18-19-1-02-6325   **Gradmann**
18-22-3-02-6352   Birkert
18-24-1-02-6372   von Wistinghausen

Abteilung 19:

19-3-18-02-5880	Eckert

Bildhauer alphabetisch (soweit bekannt)

Behringer, Karl, Werkmeister	Grab Behringer
Blaschke	Gerber
Clappier	Zorn
Frey, Joseph	Ehrenmal 1945
Haußer, Paul, Werkmeister	Haußer
Keller	Rießler
Lörcher, Alfred	Lörcher
Ott	Herrmann
Peters, Gießer	Schneider
Schneider, August	Schneider
Schönfeld, Richard und Willy	Gräf
	Haensell, Konrad
	Kuhrt
	Lörcher
	Mauz
	Räuchle
Strebel	Neuner
Wolff, A. M.	Dempel
	Fischer, Luitpold

Derselbe: Stuttgarter Friedhöfe in Vergangenheit und Gegenwart. Manuskript. 16 Seiten, Stuttgart: 1967 (5343. Sendung: Süddeutscher Rundfunk 24. November 1967, 16 Seiten)

Literatur

Verwaltungsberichte der Stadt Stuttgart. 1881/1884; 1885/88; 1889/91; 1896/98; 1899/1901.

Amtsgrundbuch der Kirchen- und Schulpflege (vormaligen Armenkastenpflege) der Haupt- und Residenzstadt Stuttgart: 1886, S. 109.

Chronik der Haupt- und Residenzstadt Stuttgart. Hrsg. vom Gemeinderat. 1898, 1903, 1904.

Ehrenbuch der Gefallenen Stuttgarts 1914–1918. Wohlfahrtsamt Stuttgart (Hrsg.): Stuttgart: 1925.

Die Friedhöfe und das Bestattungswesen der Stadt Stuttgart. Städt. Friedhofamt Stuttgart (Hrsg.) (Verwaltungsdirektor Kachler). Stuttgart: 1929, Seite 14, 19.

Ziegler, Hermann: Aus der Geschichte der Stuttgarter Friedhöfe, Manuskript, 17 Seiten, 1966 (gedruckt: Schwäbische Heimat, 1966, Seite 153–167).

Lageplan Bergfriedhof

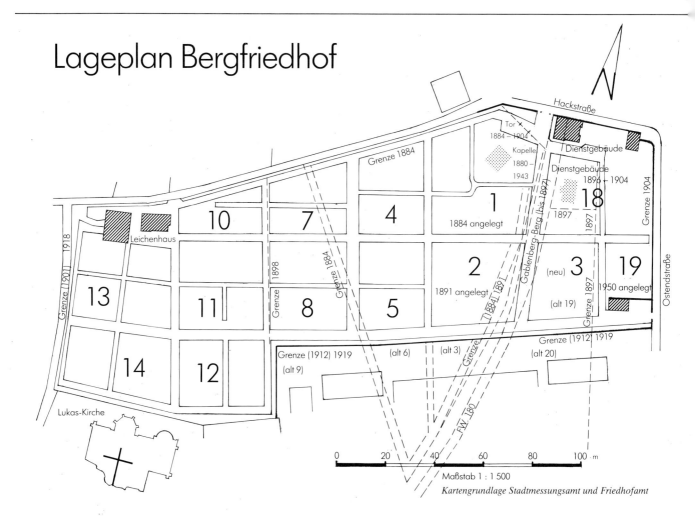

Hackstraße

Tor
1884 – 1904

Kapelle
1880 –
1943

Dienstgebäude

Dienstgebäude
1896 – 1904

1897

Grenze 1884

1

1884 angelegt

18

1897

Grenze 1904

Grenze (1911) 1918

Leichenhaus

10

7

4

Grenze 1898

Grenze 1884

13

11

8

5

2

1891 angelegt

Gablenberg Berg (bis 1897)

(neu) 3

(alt 19)

Grenze 1897

19

1950 angelegt

Ostendstraße

14

12

Grenze (1912) 1919
(alt 9)

(alt 6)

(alt 3)

Grenze

(alt 20)

Grenze (1912) 1919

Lukas-Kirche

FW. 180

| 0 | 20 | 40 | 60 | 80 | 100 | m |

Maßstab 1 : 1 500

Kartengrundlage Stadtmessungsamt und Friedhofamt

84

Zeichenerklärung

* geboren (geb.)
≈ getauft (get.)
† gestorben (gest.)
∞ heiratet
⊐ beerdigt (beerd.)
) vor dem Namen der Verstorbenen: weist darauf hin, daß das Grab ohne Denkmal ist, abgeräumt oder nach Ablauf des Nutzungsrechts neu verwendet wurde

Die Grabbezeichnungen in den Stuttgarter Friedhöfen werden in der Regel (Ausnahmen z.B. Waldfriedhof, Uffkirchhof) in folgender Reihenfolge angegeben:

Erste Ziffer Abteilung im Friedhof
Zweite Ziffer Grabreihe in der Abteilung
Dritte Ziffer Grabfolge in der Reihe
Vierte Ziffer Kennziffer des Friedhofs
Fünfte Ziffer durchlaufende Numerierung der Gräber im Friedhof

Beispiel: Abt. 5-10-3 -02-656

Allgemeine Abkürzungen

a	=	ar
AB	=	Amtsbezirk, Bezeichnung für die Kreise in Baden bis 1939
AOA	=	Amtsoberamt
Arch.	=	Architektonisch
B.	=	Bürger
BA	=	Bezirksamt, Bezeichnung für die Kreise in Bayern bis 1938
BDA	=	Bund Deutscher Architekten
Br	=	Bruder
ca.	=	cirka
E	=	Eltern
ehem.	=	ehemalig
En	=	Enkel, Enkelin
ev.	=	evangelisch
F	=	Fuß
fl	=	Gulden
fr.	=	früher
G	=	Großeltern
Gem.	=	Gemeinde
Gm	=	Großmutter
Gv	=	Großvater
herrsch.	=	herrschaftlich
Hl	=	Heller
Hrsg.	=	Herausgeber
i. R.	=	im Ruhestand
J.	=	Jahr
Jh.	=	Jahrhundert
kgl.	=	königlich
Kr.	=	Kreis

li	=	links
Lkr.	=	Landkreis
M	=	Mutter
Mag.	=	Magister
MdB	=	Mitglied des Bundestags
MdL	=	Mitglied des Landtags
MdR	=	Mitglied des Reichstags
Mg.	=	Morgen (= altes Flächenmaß)
Mk	=	Mark
Mon.	=	Monat
morg.	=	morgens
nachm.	=	nachmittags
OA	=	Oberamt, Bezeichnung für die Kreise in Württemberg bis 1938, in Hohenzollern bis 1925
(P)	=	Friedhofamt, Inspektion Pragfriedhof
re	=	rechts
Rs	=	Rückseite
Rth	=	Ruthen
s. d.	=	siehe dort
s. o.	=	siehe oben
So	=	Sohn
s. u.	=	siehe unten
To	=	Tochter
V	=	Vater
verh.	=	verheiratet
verw.	=	verwitwet
Vor.	=	Vorigen
vorm.	=	vormittags
Vs	=	Vorderseite
W	=	Werke

Fachausdrücke für Grabbauten und Grabmale

Ädikula (kleines Haus, Tempelchen), Grabmale in Tempelform mit Abdeckungen auf Säulen, vom Hellenismus bis zum Klassizismus

Akroterien, Giebelverzierungen

Architektonische Stele, siehe Stele

Attribut, einer dargestellten Person, einem Heiligen oder personifizierten Begriffen als Kennzeichen beigegebene Gegenstände usw.

Bildnis, Porträt eines Menschen, plastisch oder gemalt, so daß er erkennbar ist

Bildstock, Pfeiler in Stein oder Holz mit Tabernakel, seit dem Mittelalter an Wegen, auch Grabmale

Büste, plastische Darstellung des Menschen bis zur Brust oder den Schultern

Cippus, eiförmiger Aufsatz auf Grabmalen, seit den Etruskern

Epitaph, Gedächtnismal für Verstorbene, innen und außen an Kirchen, oft mit reichem plastischem Schmuck, meist nicht über dem Grab der Verstorbenen

Felsen, bearbeiteter Stein

Findling, nur unwesentlich veränderter Stein

Grabaltar, altarförmiges Grabmal

Grabbauten, größere Bauten in Friedhöfen: Grabkapellen, Gruften, Mausoleen

Grabmonopteros, tempelförmiger offener, von einer Säulenreihe getragener Rundbau

Grabpfeiler, mit quadratischem oder rechteckigem Querschnitt

Grabplatte, flache Platte in Kirchen seit dem Mittelalter in Stein und Mosaik, später in Kirch- und Friedhöfen, teilweise mit figürlichem und heraldischem Schmuck

Grabsäule, stehende Säule mit rundem Querschnitt

Kenotaph, Grabdenkmal für einen an anderer Stelle beigesetzten Toten

Kolumbarium (Taubenhaus), im späten Rom unterirdisch, heute Nischenwände zur Beisetzung von Aschenurnen

Kreuz, seit dem christlichen Mittelalter aus Holz und Stein, Sonderformen seit Anfang des 19. Jahrhunderts Kreuz aus Gußeisen auf dem Postament (Sockel) aus Stein und Stufenkreuzdenkmal = Kreuz auf mehreren Stufen (als Sockel)

Liegeplatte, flach ohne oder schräggestellt auf Steller, seit dem christlichen Mittelalter

Mausoleum, großer bis monumentaler Grabbau, seit der Antike

Medaillon, kreisförmiges oder ovales Bildnis mit Flachrelief in Marmor oder Metall

Obelisk, meist quadratischer nach oben sich verjüngender Steinpfeiler, Kultussymbol der Ägypter, seit dem Barock als Grabmal in Kirch- und Friedhöfen

Plattenabgrenzung, Plattenbeläge auf den Zwischenwegen um die Gräber

Plastik, als Relief, Medaillon, Bildnis, Büste, Vollplastiken, seit der Antike

Postament, Sockel, Unterbau von Grabmalen

Pyramide, Baukörper über quadratischer Grundfläche, nach oben spitz zusammenlaufend, seit der Vorgeschichte, besonders in Ägypten

Relief, Plastiken als Basrelief, Flachrelief, Hochrelief an Grabmalen

Säule, häufig auch als abgebrochene Säule, Sinnbild für den frühen Tod eines Verstorbenen

Sarkophag, sichtbares sargartiges Grabmal aus Stein oder Metall, seit der Antike, war beherrschendes Symbol der frühchristlichen Grabkunst für die Erlösung von Tod und Sünde

Statue, Standbild, stehende vollplastische Darstellung von Menschen, in der Regel auf Sockel, seit der Antike

Stele, stehende aufrechte Steinplatten oder -pfeiler, seit der Antike, mit quadratischem Querschnitt = kubische Stelen, weiterentwickelt zu Architektonischen Stelen aus mehreren oder vielen Teilen

Stufenkreuzdenkmal, siehe Kreuz

Tischgrab, altarförmiges Grabmal

Tumba, rechteckiges Grabmal, Grabplatte mit Relief oder Vollplastik mit Grabkasten auf einem Unterbau

Wandgrabmal, an Mauern angebautes oder eingelassenes Grabmal besonders in Frankreich und Spanien

Zippus, siehe Cippus

Sigelverzeichnis
für Bücher, Zeitschriften und Zeitungen

AbSt	Amtsblatt der Stadt Stuttgart
ADB	Allgemeine Deutsche Biographie, 1875–1910
Beitr. z. Lkde	Beiträge zur Landeskunde, Regelmäßige Beilage zum Staatsanzeiger in Baden-Württemberg
Bibl.B.	Bibliographie der badischen Geschichte, Bd 1–8, 1897–1978
Bibl.BW	Landesbibliographie von Baden-Württemberg, Bd 1 ff, ab 1978
Bibl.Hoh	Bibliographie der Hohenzollerischen Geschichte, 1975
BJ	Biographisches Jahrbuch und Deutscher Nekrolog
BWKG	Blätter für Württembergische Kirchengeschichte, Bd 1 ff, ab 1886
Chr	Chronik der Haupt- und Residenzstadt Stuttgart, 1898 bis 1912; Chroniken 1913–1918, 1919–1933, 1933–1945, 1945–1948, 1949–1953, 1954–1960
DBJ	Deutsches Biographisches Jahrbuch
FAS	Fundberichte aus Schwaben
FABW	Fundberichte aus Baden-Württemberg
FAZ	Frankfurter Allgemeine Zeitung
FR Nägele	Familienregister Nägele 1700–1820, Manuskript im Stadtarchiv Stuttgart
Hd	Bibliographie der Württembergischen Geschichte begründet von Wilhelm Heyd, Bd 1–11, 1895–1974
JhGNW	Jahreshefte der Gesellschaft für Naturkunde in Württemberg
JhVVNW	Jahreshefte des Vereins für vaterländische Naturkunde in Württemberg
LB	Lebensbilder aus Schwaben und Franken Bd 7–16, 1960ff
LtBStAnz	Besondere (literarische) Beilage des Staatsanzeigers für Württemberg, 1875ff
MagB	Magisterbuch
MGG	Die Musik in Geschichte und Gegenwart
Nachr.d.D	Nachrichtenblatt der Denkmalpflege in Baden-Württemberg
NWDB	Neues Württembergisches Dienerbuch
NDB	Neue Deutsche Biographie, ab 1953
OAB	Beschreibung des Oberamts…
SchwH	Schwäbische Heimat
SchwM	Schwäbischer Merkur, 1785–1941
SL	Schwäbische Lebensbilder, Band 1–6, 1940–1957 (jetzt Lebensbilder aus Schwaben und Franken)
StAnz	Staatsanzeiger für Württemberg, ab 1850
StN	Stuttgarter Nachrichten, ab 1946
StNT	Stuttgarter Neues Tagblatt, 1843–1943
StW	Stuttgarter Wochenblatt
StZ	Stuttgarter Zeitung, ab 1945
SWBlFam	Südwestdeutsche Blätter für Familien- und Wappenkunde
Th-B	Allgemeines Lexikon der bildenden Künste von der Antike bis zur Gegenwart, Hrsg. Ulrich Thieme und Felix Becker, Band 1–37 Leipzig, 1907–1950
Vollmer	Allgemeines Lexikon der bildenden Künstler des 20. Jahrhunderts, Hrsg. Hans Vollmer, Bd 1ff, 1953ff
W Franken	Württembergisch Franken
WGL	Württ. Geschichtsliteratur
WW	Wer ist wer? Das deutsche Who's who
ZGO	Zeitschrift für Geschichte des Oberrheins
ZHG	Zeitschrift für hohenzollerische Geschichte
ZWLG	Zeitschrift für Württembergische Landesgeschichte

Personenregister

Aichinger, Sigismundus 14
Aldinger 62
Ammermüller, Christiana 33, 50, 52
–, Johann Friedrich 33, 46
Arnheim, von, Obristleutnant 14

Bach, Anna Ursula 14, 46
–, Carl 9
–, Christoph Erhardt (mit Frau) 14, 46
–, Johann Jacob (mit Frau) 14
Barth, Rosine 33, 51
–, Wilhelm 61, 82
Baur, K. 12
Bayer, Johannes 14
–, Paul (mit Frau) 14
Behrendahl?, Johannes, s. Blehrental
Behringer, Christoph 65, 82
–, Christoph Karl 65, 82
–, Karl 65, 82, 83
Belling, Johannes Andreas 9, 10
–, Maria Sabine 14
Beni, Leinenweber (mit Frau) 14
Bernhardt, Johann Conrad 14
Berthold, Friederike Luise 60, 82
–, Karl 60, 82
Bertsch, Christian 14
Birkert, Emil 65, 82
Bitzer, Gottlieb 60
Blankenhorn, Ludwig 9
–, Paul 9, 12
Blaschke, Walter 83
Blehrental (Behrendahl?), Johannes 64
Bloch, Stephan 14
Bob, Johann Friedrich 14
Bockshammer, Friedrich 8, 14
Bögele, Michael 14
Bohr, Johannes 14
Boley, Johann Georg (mit Frauen) 15
Bosse, Friederike von 33, 51
–, Philipp Georg von 33
Brand, Friedrich von 15, 16
Bröll, Johann Ludwig 46
Broesamlen, Ernst L. (mit Frau) 65, 82
–, Jacob (mit Frau) 65, 66, 82

Burghard, Adolf 33, 51
–, Ernst (mit Frau) 66, 82
–, Johannes 33, 51

Canz, Christian (mit Frau) 46, 47
Clappier, Ernst 81, 83
Claus, Gottlob 33, 51
Clement, Eustachius 9
Courtin, Albert (mit Frau) 33, 34, 51
Crafft, Johann Ernst (mit Frau) 16
Cramer, Gottfried (mit Frau) 16
Cruse, Johann 12
Czabelizki, Johannes Graf von (mit Frau) 16

Dauphin, Agathon 34, 50
Dempel, Karl (alt) 12, 66, 67, 82
–, Karl (jung) 12, 13, 67, 82
De Pai, Christoph 16
Depperich, Martin (mit Frau) 16
Deuble, Martin 16
Dieterlen, Fritz 16
–, Matthäus 16
Disch, Otto 61
Dobler, Christoph Gottlieb 34, 50
Dobritz, Karl 64
Drebes, Katharine 12
Drieslein, Gottlob Carl 47
Driesslein, Georg Christian (mit Frau) 11, 16
(Drieslein), Johann Georg Christian (mit Frau) 47
Duttenhofer, Anna Elisabetha 16
–, Karl 8
Duvernoy, Johann Friderich (mit Frauen) 16
Dziatach (nicht Dziallach), Konrad 64

Ebbinghaus, Christof von (mit Frau) 67, 68, 82
Eberle, Ludwig (mit Frau) 17
Eckert, Wilhelm 68, 83
Effinger, Otto 62
Ehnis, Karl 61
Engelhardt, Karl 34, 51
Enßlen, Ursula Maria 17
Essinger, Andreas 17
Ettling, Johann Friderich 17

Faber, Christian David 17
–, Eugenie 68, 82

–, Heinrike Friderike 17
–, Johann Gottfried (mit Frau) 17
Feil, Fritz 63, 64
Fink, Kommerzienrat (?) 12
Fischer, Emma Maria 68, 82
–, Hugo 67, 68, 82
–, Johann Wilhelm 17
–, Luitpold 68, 82
Forstner von Dambenoy, Georg Friedrich (mit Frau) 17
Frey, Joseph 62, 63, 83
Friderich, Johann Ulrich 17
Friz (Firma Kraiß und Friz) 11
Furthmüller, Michael 12

Gaab, Ludwig von, Dr. 7
Gabelisky, Graf von, (s. Czabelizki)
Gabriel, Christina Dorothea 17
–, Conrad Friderich (mit Frauen) 17, 33
–, Friedrich Carl August 33, 52
–, Johann Jacob 17
Gänzle, Gottlieb 54, 57
Gärtner, Johann Michael (mit Frau) 17
Gaiser, Wilhelm 61
Ganter, Karl 63
Geier, Ingeborg 10
–, Rudolf 10
Geismar, von, Leutnant 17, 18
Geißler, Johann Georg (mit Frau) 34, 51
–, Karl F. (mit Frau) 34, 68, 82
Gemmi, Wilhelm 64
Gemmingen-Hornberg, Siegmund F. K. Freiherr von 68, 69, 82
Gengenbach, Jakob 61
Gerber, Wilhelm (mit Frau) 69, 82, 83
Gerstner, Hanß Jerg (mit Frauen) 18
–, Johann Jacob (mit Frau) 18
–, Jung Johann David (mit Frau) 18
Geßwein, Christiane Friederike (mit Kindern) 35, 50
–, Wilhelm Jakob (desgl.) 35
Geyer, Carl August (mit Frau) 35, 50
Glaser, Richard 69, 82
Glück, Johannes (mit Frau) 18
Gögel, Michael (mit Frau) 18
Gohl, Barbara (mit Mann) 18
Gommel, Gerhard 69, 82

Gradmann, Eugen (mit Frau) 69, 70, 82
Gräf, Ludwig (mit Frau) 70, 82, 83
Graevenitz, Christiane von 18, 19
–, Friedrich von 18
–, Karl Ludwig von 18, 19
Grav, August 70, 82
Greß, Walther 70, 82
Groß, E. W. 12
Großhans, Karl (mit Frau) 70, 82

Habsburg, Rudolf von, Deutscher König 8
Haensell, Friedrich (mit Frau) 70, 71, 82
–, Konrad 71, 82, 83
Härter, Jakob 35, 51
Hajek, Otto Herbert 10
Haldenwang, Maria Regina (mit Mann Johann
    Balthasar) 19
Hartter, Christiane 32, 35, 50
–, Friedrich (mit Tochter) 35, 50
Hauff, Carl Albrecht (mit Tochter) 19
Haug, Friedrich (mit Frau) 35, 36, 50
–, Wilhelmine 9
–, Johann Friedrich (mit Frauen) 36
Hauser, Paul 61
Haußer, Hugo (mit Frau) 71, 82, 83
–, Paul (mit Frau) 71, 72, 82, 83
Hees, Katharine verw. Neuner 72, 82
Hegwein, Georg 11
Heilbronner, I. (und Söhne) 11, 12
Heim, Daniel 36
–, Walburga 36, 50
Heinzmann, Ottmar 36, 50
Heller, Franz 62, 63
Herdte, Rudolph (mit Frau) 19
Herman, Johann (Hanß) Jacob 19
Hermann, Hans Jacob 19
–, Ludwig 19
–, Peter 19
Herrmann, Erich (mit Frau) 72, 82, 83
–, Hanß 19
Hettler, Philipp Benjamin 19, 32, 36, 37, 50
–, Philipp Conrad (mit Familie) 19, 36, 37
Hiller, David 19
–, Immanuel von 38
–, Konrad Ludwig (mit Frau) 37, 38, 51
–, Ludwig Jacob 19, 20
Hochstetterisches Gut 8

Höfer, Adolf (mit Frau) 33, 37, 38, 50
–, Eva Catharina 20
–, Georg David (mit Frau) 38
–, Georg Gottlieb 20, 47
–, Johannes (mit Frau) 47
Höffer, David 20
Hofmann, Erich 38, 39, 51
Hohenberg, Albrecht Graf von 6, 7
Holder, Christoph Friedrich 47
–, Elisabetha Friderica 32, 47
Hopphahn, Holzmesser 9
Huber, Johannes 20
Hudelmaier, David 12

Ilg, Hans Melchior 20

Jaus, Joseph (mit Frau) 20
Josenhans, Marie 39, 51

Kaltschmid, Münzschlosser 12
Kapf, Friederike Henriette 20
–, Immanuel Christoph 20
Katz, Hans (mit Frau) 72, 82
Kauffmann, Maria Barbara 25, 47
Keller, Emil 78, 83
Kettner, Wilhelm Friedrich (mit Frau) 47
Klein, Christian Ludwig 20
Kling, Christine Catharine 47
–, Johann Jacob 47
Klotz, Ehrenfried 10, 12
Klompp, Bernhard Jacob (mit Frau) 20
Knaus, Johann Georg (mit Frau) 20
Koch, Augustin 10
–, Hans Georg 20
–, Johann Georg 20, 21
Kodweiß, Friedrich David 20
Köber, Robert 38, 39, 49
Koellreutter, Marie 39, 50
König, August 39, 50
–, Maria Sara 20
–, Sophie 39, 50
–, Tobias 20
Körner, Karl (mit Frau) 39, 51
Kohler, Eduard 60
Koster (Köster), Karl 62
Krämer, August (mit Frau) 72, 73, 82
Krafft, Alexander 16
–, Johann Ernst (s. Crafft)

Kraiß (mit Frau) 11
Kramer, Gottfried (s. Cramer)
Kreglinger, Auguste 39, 50
–, Ernst 73, 82
–, Friedrich (mit Frau) 39, 73, 82
–, Georg 11, 73, 82
–, Gustav 13, 30
Kuhn, Gotthilf (mit Familie) 31, 39, 40, 41, 51
Kuhrt, Willi (mit Frau) 73, 82, 83
Kurrer, Andreas Adam 20
Kurz, Johann Andreas 20, 21
–, Johanna Elisabetha (mit Männern) 20, 21
Kylius, Johann 8, 9

Lachenmayer, Albert Gottlob 61
Laib, Augustinus (mit Frau) 21
–, Johann Georg (mit Frau) 21
–, Joseph Friedrich (mit Frau) 21
Leins, Christian 31
Lenz, Johann Adam 21
–, Maria Anna 21
Leuze, Hugo 33, 41, 51
–, Ludwig (Albert) Eugen 10, 74, 82
–, Ludwig Christian Karl (mit Frau) 10, 73, 74,
    82
–, Ludwig (Ernst L. Ferdinand) 74
–, Ludwig d. Ä. (Friedrich Carl mit Frau) 10,
    41, 48, 51
–, Ludwig d. J. (Friedrich Carl mit Frau) 10
Leyrer, Philipp Friedrich (mit Frau) 21
Liebenau, Christoph Peter (mit Frauen) 21
Lindemann, Anna und Bertha 41, 50
Lizau, von, Leutnant 21
Locher, Wilhelm 54, 55
Löchner, Hans 21
Lörcher, Alfred (mit Frau) 74, 75, 82, 83
Lotter, Georg Carl 48
Lützelburg, Barthold von 21, 22
–, Ernst Friedrich von 21
Lützow, von, Leutnant s. Lizau
Lutz, Wilhelm 12

Mailänder, Johann Caspar 60, 82
Maile, Wilhelm 63
Mang, Jakob 22
Mann, Hans Jacob (mit Tochter) 22
Martin, Leopold 76, 82

–, Paul 76, 82
–, Philipp L. (mit Frau) 61, 75, 76, 82
–, Valeska 76, 82
Maurer, Johann Michael 41, 51
Mauz, Wilhelm (mit Frau) 76, 77, 82, 83
Mayer, Balthasar (mit Frau) 22
–, Emil 59
Mayer und Kober 8
Memminger, Jacob Hieronymus (mit Frau) 22
–, Johann Jacob (mit Frau) 48
Menninger, Friedrich (mit Frau) 41, 50
Moser, Johannes 22
Müller, Friedrich Gottlieb 22
–, Gottlieb Heinrich (mit Frau) 41, 50
–, Johann Gottlieb (mit Frauen) 22
–, Konrad 11
–, Max 31
Munde, Bertha Elisabeth 41, 42, 51
–, Carl 41, 42
Mylius, Ernst Heinrich von (mit Frau und Tochter) 20

Nestlin, Jacob 22, 23
Neuner, Alfred 78
–, Friedrich (mit Frau) 8, 31, 42, 51, 77, 78, 82, 83
–, Hermann (mit Frau) 78
Nißle (Nüßle), Christian 11
–, Johann Ludwig (mit Frauen) 23
–, Johanna Elisabetha 23
–, Philipp Jacob (mit Frauen) 22, 23
Nollinger, Hanß Peter 23

Olgaschwestern 64, 82
Orthuber, Franz Xaver 60, 82
–, Theresia Barbara 60
Ott, Josef 72, 83

Pantle, Albert 57, 59
Peters, Gießer 79, 83
Pflüger, Ottilie 2, 42
Pistorius, Ferdinand 46
»Putzi« 42, 50

Räuchle, Albert (mit Frau) 78, 82, 83
Raff, Christoph (mit Frau) 23
–, Johann Michael 9, 11, 23

Raisch, Christian Friedrich (mit Frau) 42, 50
Rapp, Emilie 42, 51
Reick, Johann Georg 32, 48
Reiflen, Andreas 23
Reutter, Christiane 51
–, Johann David (mit Frau) 42
Rheinwald, Christian Jakob 12
Rieger, Hans Caspar 23
Rießler, Paul 78, 82, 83
Rietmüller, Ludwig 11
Rodewald, Werner 61
Rösslen, Hans (mit Frauen) 23
Rößler und Weißenberger 8
Rohleder, Georg David Gottlieb 48
Rommel, Hermann 31
Ruoff (Rueff), Jacob Friedrich (mit Frauen) 23
Rupp, Otto 11

Sadori (?), Johann 23
Sannwald, Friedrich Benjamin 49
–, Johanne Dorothea Sabine 49
Sauter, Eugen 64
–, Matthäus 23, 24
Sautter, Karl 78, 82
–, Richard 78, 82
Sayn-Wittgenstein-Hohenstein, Carl Ludwig Graf von 24, 32, 42, 43, 50
–, Karl Theodor Wilhelm Graf zu (mit Frau) 24, 43
Schäfer, Johannes (mit Frau) 49
Schäff, Johann Georg (mit Frau) 24
Schauber, Friedrich Ludwig 24, 32, 43, 44, 50
–, Johann Ludwig (mit Frau) 24, 43, 44
Schäuffele, Friedrich 43, 49
Scheef, Wilhelm Ludwig 24
Scheible, Johann David (mit Frauen) 24
Schenk von Stauffenberg, Franz Freiherr 11, 12
Schereskel von Hartenfels, Sophia Eleonora 24
Schickhardt, Heinrich 11
Schiedt, Müller 11
Schiefer, Gottlieb 79, 82
–, Heinz 79, 82
–, Johann 79, 82
–, Otto 79, 82
Schlayer, Caroline 44, 50
–, Georg Jakob 44
Schmalacker, Christian 12

Schmid, Christianus 24
–, Ewald 79, 82
Schmohl, Christian (mit Frau) 44, 51
–, Paul 44, 51
Schneider, August 79, 83
–, Simon (mit Frau) 79, 82, 83
Schnell, Wilhelm Gottlieb (mit Frau) 49, 51
Schöffel, Müller 11
Schönfeld, Richard 70, 78, 83
–, Willy 71, 73, 75, 77, 83
Schöpfer, Johannes 59
Schuhmacher, Hans Jerg 24
Schuler, Catharina Margaretha 32, 49
–, Georg (mit Frau) 44, 51
Schultheiss, Johann Caspar 24
Schweikert, Paul 64
Schwilk, Hans (mit Frau) 24
Sennheim, Johannes Georg 61
Sigle, Caspar 24, 25
Spengler, Johann Wendel (mit Frauen) 25
–, Lorenz (mit Frauen) 25
Stadelmajer, Johann Michael 25
Stahl, (Wittmann und Stahl) 59
Staib, Oskar 63
Stauch, Jacob Friedrich (mit Frauen) 25
Stauffenberg (s. Schenk von Stauffenberg)
Stegmeier, Christian 12
Steuer, Werner 64
Sticker, Karl 12
Stöckle, Johann Gottfried 14
Strähle, Anna Sabina 25
–, Hans Georg 25
Stratmann, Friedrich Wilhelm 31
Strebel, Wilhelm 78, 83
Striffler, Johann Jacob Friedrich 25
Strobel, Friedrich (mit Frau) 79, 80, 82
Stüber, Johann Daniel (mit Frau) 25
Sturm, Josef Friedrich 61
Süpfle, Karl 61
Süskind, Karl 12

Taxis, Robert 8
Teiffel, Hans Martin (mit Frau) 25
Textor, Karl 61
Thiel, Johann Friedrich 32, 49
Tomoskery, Josef 63
Trüdinger, Paul 31

Uhlmann, Johann Georg (mit Frauen) 44, 45, 50

Unbekannte (3 Knaben) 25

Unbekannte (6 russische Zivilarbeiter) 64

Unkauf, Albert 62

Völlm, Wilhelm 45, 50

Vötter, Christina Friederike 32, 49

Vogt, Gustav 62

Volkart, Hans 31

Volz, Heinrich von (mit Frau) 45, 46, 51

Wächter, Eberhard von 49

–, Karl 49

Nägele, Gottlieb 12

Wagner, Johann Michael (mit Frau) 25

Waitzmann, Antonie F. K. 60, 61, 82

Walther, Heinrich 80, 82

–, Johannes (mit Frau) 79, 80, 82

–, Wilhelm 80, 82

Wannenwetsch, Georg 12

Weber, Hellmut 10

–, Josef 64

Weiss, Georg Heinrich (mit Kind) 25

–, Karl 62

Weissenberger, Hermann 63

Weißgerber, Michael 11

Welte, Andreas 64

Wenger, Peter 25

Weyhermüller, Andreas (mit Frau) 25

Widmayer, Karl (mit Frau) 80, 82

Winkler, Johann Jacob (mit Frau) 25

–, Ludwig Friedrich (mit Frau) 25

Wirth, Christian Jakob 10, 49

Wistinghausen, Kurt von (mit Frau) 80, 81, 82

–, Reinhold von (mit Frau) 80, 82

Wittgenstein (s. Sayn-Wittgenstein-Hohenstein)

Wittmann, Ludwig 59

Wölfle, Robert 80, 82

Wolff, A. M. 67, 68

Würben, Johann Franz Ferdinand Graf von 18

Württemberg, Graf Eberhard im Bart 11

–, Herzog Eberhard III. 12

–, Kronprinz Karl 7, 31

–, Kronprinzessin Olga 7, 31

–, Graf Ulrich V. der Vielgeliebte 11

–, Herzog Ulrich 11

–, Herzogin Wera (mit Töchtern) 31

–, König Wilhelm I. 7, 10

Wüst, Christiane 46, 51

–, Friedrich 46

Zais, Wilhelm 9

Zausch, Gottfried 64

Zech, Julius 49

Zeittler, Johann Michael (mit Frau) 80, 81, 82

Zeller, Peter (mit Frau) 46, 51

Zettler, Johann Friedrich 26

Ziegler, Georg Jakob (mit Frau) 26

Zimmermann, Philipp Michael 32, 49

Zorn, Albert (mit Frau) 81, 82, 83